郑州大学厚山人文社科文库
ZHENGZHOU UNIVERSITY HOUSHAN
HUMANITIES&SOCIAL SCIENCES LIBRARY

国家社会科学基金项目（批准号：14CFX011）
项目名称：内部行政行为外部化理论研究

内部行政行为外部化理论研究

李永超 ◎ 著

法律出版社
LAW PRESS · CHINA
北京

图书在版编目(CIP)数据

内部行政行为外部化理论研究 / 李永超著. -- 北京：法律出版社，2024
ISBN 978-7-5197-9075-2

Ⅰ. ①内… Ⅱ. ①李… Ⅲ. ①行政诉讼法－研究－中国 Ⅳ. ①D925.304

中国国家版本馆 CIP 数据核字(2024)第 081777 号

内部行政行为外部化理论研究
NEIBU XINGZHENG XINGWEI WAIBUHUA LILUN YANJIU

李永超 著

策划编辑 许 睿
责任编辑 许 睿
装帧设计 鲍龙卉

出版发行 法律出版社
编辑统筹 司法实务出版分社
责任校对 晁明慧
责任印制 胡晓雅
经　　销 新华书店

开本 710 毫米×1000 毫米 1/16
印张 12.75 **字数** 201 千
版本 2024 年 11 月第 1 版
印次 2024 年 11 月第 1 次印刷
印刷 北京新生代彩印制版有限公司

地址:北京市丰台区莲花池西里 7 号(100073)
网址:www.lawpress.com.cn
投稿邮箱:info@lawpress.com.cn
举报盗版邮箱:jbwq@lawpress.com.cn
销售电话:010-83938349
客服电话:010-83938350
咨询电话:010-63939796

书号:ISBN 978-7-5197-9075-2
定价:58.00 元

凡购买本社图书,如有印装错误,我社负责退换。电话:010-83938349

总　序

哲学社会科学是人们认识世界、改造世界的重要工具，是推动历史发展和社会进步的重要力量。习近平总书记指出："一个没有发达的自然科学的国家不可能走在世界前列，一个没有繁荣的哲学社会科学的国家也不可能走在世界前列。""高校是我国哲学社会科学'五路大军'中的重要力量。"充分肯定了高校的地位和作用。郑州大学哲学社会科学面临重大机遇。

一是构建中国特色哲学社会科学的机遇。历史表明，社会大变革的时代，一定是哲学社会科学大发展的时代。党的十八大以来，以习近平同志为核心的党中央高度重视哲学社会科学。习近平总书记在全国哲学社会科学工作座谈会上的重要讲话为推动哲学社会科学研究工作提供了根本遵循。《关于加快构建中国特色哲学社会科学的意见》为繁荣哲学社会科学研究工作指明了方向。进入新时代，我国将加快向创新型国家前列迈进的步伐，构建中国特色自主知识体系成为高校的重要使命。站在新的历史起点上，更好进行具有许多新的历史特点的伟大斗争、推进中国特色社会主义伟大事业，需要充分发挥哲学社会科学的作用，需要哲学社会科学工作者立时代潮头、发思想先声，积极为党和人民述学立论、建言献策。

二是新时代推进中原更加出彩的机遇。推进中原更加出彩，需要围绕深入实施粮食生产核心区、中原经济区、郑州航空港经济综合实验区、郑洛新国家自主创新示范区、中国（河南）自贸区、中国（郑州）跨境电子商务综合试验区、黄河流域生态保护和高质量发展等重大国家战略开展研究，为加快中原城市群建设、高水平推进郑州国家中心城市建设出谋划策，为融入"一带一路"国际合作和推进乡村振兴、推动河南实现改革开放、创新发展，提供智力支持。同时，需要注重成果转化和智库建设，使智库真正成为党委、政府工作的“思想库”和“智囊团”。因此，站在中原现实发展的土壤之上，我校哲学社会科学必须立足河南实际、面向全国、放眼世界，弘扬焦裕禄精神、红旗渠精神、愚公移山精神、大别山精神和中原文化的优秀传统，建设具有中原特色的学科体系、学术体系，构建具有中原特色的话语体系，为经济社会发展提供理论支撑和智力支持。

三是加快世界一流大学建设的机遇。学校完成了综合性大学布局，确立了综合性研究型世界一流大学的办学定位，明确了建设一流大学的发展目标，世界一流大学建设取得阶段性、标志性成效，正处于转型发展的关键时期。建设研究型大学，哲学社会科学承担着重要使命，发挥着关键作用。为此，需要进一步提升哲学社会科学解决国家和区域重大战略需求、科学前沿问题的能力；需要进一步提升哲学社会科学原创性、标志性成果的产出质量；需要进一步提升社会服务水平，在创新驱动发展中提高哲学社会科学的介入度和贡献率。

把握新机遇，必须提高学校的哲学社会科学研究水平，树立正确的政治方向、价值取向和学术导向，坚定不移实施以育人育才为中心的哲学社会科学研究发展战略，为形成具有中国特色、中国风格、中国气派的哲学社会科学学科体系、学术体系、话语体系做出贡献。

“十三五”时期以来，郑州大学科研项目数量和经费总量稳步增长，走在全国高校前列。高水平研究成果数量持续攀升，多部作品入选《国家哲学社会科学成果文库》。社会科学研究成果奖不断取得突破，获得教育部第八届高等学校科学研究优秀成果奖（人文社会科学类）一等奖 1 项，二等奖 2 项，三等奖 1 项。科研机构和智库建设不断加强，布局建设 11 个部委级科研基地。科研管理制度体系逐步形成，科研管理的制度化、规范化、科学化进一步加强。哲学社会科学团队建设不断加强，涌现了一批优秀的哲学社会科学创新群体。

从时间和空间上看，哲学社会科学面临的形势更加复杂严峻。我国已经进入中国特色社会主义新时代，开始迈向以中国式现代化全面推进中华民族伟大复兴新征程，逐步跨入高质量发展新阶段；技术变革上，信息化进入新一轮革命期，元宇宙、云计算、大数据、移动通信、物联网、人工智能日新月异。放眼国际，世界进入到全球治理的大变革时期，面临百年未有之大变局。

从哲学社会科学研究本身看，重视程度、发展速度等面临的任务依然十分艰巨。改革开放40多年来，我国已经积累了丰厚的创新基础，在许多领域实现了从“追赶者”向“同行者”“领跑者”的转变。然而，我国哲学社会科学创新能力不足的问题并没有从根本上改变，为世界和人类贡献的哲学社会科学理论、思想、制度性话语权、中国声音的传播力、影响力还很有限。国家和区域重大发展战略和经济社会发展对哲学社会科学提出了更加迫切的需求，人民对美好生活的向往寄予哲学社会科学以更高期待。

从高水平基金项目立项、高级别成果奖励、国家级研究机构建设上看，各个学校都高度重视，立项、获奖单位更加分散，机构评估要求更高，竞争越来越激烈。在这样的背景下如何深化我校哲学社会科学体制机制改革，培育发展新活力；如何汇聚众智众力，扩大社科研究资源供给，提高社科成果质量；如何推进社科研究开放和合作，打造成为全国高校的创新高地，是我们面临的重大课题。

为深入贯彻习近平新时代中国特色社会主义思想和习近平总书记关于哲学社会科学工作重要论述以及《中共中央关于加快构建中国特色哲学社会科学的意见》等文件精神，充分发挥哲学社会科学工作者“思想库”“智囊团”作用，更好地服务国家和地方经济社会发展，推动学校哲学社会科学研究的繁荣与发展，郑州大学于2020年度首次设立人文社会科学标志性学术著作出版资助专项资金，资助出版一批高水平学术著作，即“厚山文库”系列图书。

厚山是郑州大学著名的文化地标，秉承“笃信仁厚、慎思勤勉”校风，取“厚德载物”“厚积薄发”之意。“郑州大学厚山人文社科文库”旨在打造郑州大学学术品牌，集中资助国家社科基金项目、教育部人文社会科学研究项目等高层次项目以专著形式结项的优秀成果，充分发挥哲学社会科学优秀成果的示范引领作用，推进学科体系、学术体系、话语体系创新，鼓励学校广大哲学社会科学专家学者以优良学风打造更多精品力作，增强竞争力和影响力，促进学校哲学社会科学高质量发展，为国家和河南经济社会发展贡献郑州大学的智慧和力量，助推学校世界一流大学建设。

“厚山文库”出版资助的程序为：学院推荐，社会科学处初审，专家评审。对最终入选的高水平研究成果进行资助出版。

河南省政协副主席、郑州大学党委书记刘炯天院士，郑州大学校长李蓬院士，郑州大学副校长屈凌波教授等对“厚山文库”建设十分关心，进行了具体指导。学科与重点建设处、高层次人才工作办公室、研究生院、发展规划处、学术委员会办公室、人事处、财务处等单位给予了大力支持。国内多家知名出版机构提出了建设性的意见和建议。在这里一并表示衷心感谢。

我校哲学社会科学工作处于一流建设的机遇期、制度转型的突破期、追求卓越的攻坚期和风险挑战的凸显期。面向未来，形势逼人，使命催人，需要我们把握学科、学术和研究规律，逆势而上，固根本、扬优势、补短板、强弱项，努力开创学校哲学社会科学发展新局面。

周　倩

2023年1月1日

序

欣闻永超的专著《内部行政行为外部化理论研究》即将付梓出版。他让我写个序，我高兴地答应了。

永超的法学硕士学业是在“中原法学重镇”郑州大学法学院完成的。与他相识，是在一次河南省行政法学年会上，留给我的印象颇好。2010 年 9 月，他上之江月轮山入浙江大学法学院攻读博士学位，开始了为期三年的博士生学习阶段。最初，可能不太适应浙江大学法学院行政法学研究方法和思考方式，他一度有点迷茫与焦虑。我了解到这个情况之后，建议他先去读基本文献，在达到一定阅读量之后，这种迷茫与焦虑自然会消失。他接受了我的建议，开始整天泡在图书馆里检索、阅读行政法、宪法以及相关的论著，深居简出。一年之后，他果然“脱胎换骨”。基于培养计划落实和学术能力提升的考虑，我让他就“延安某建筑工程有限责任公司诉陕西省延安市安全生产监督管理局生产责任事故批复案”写一个判例评析。他领受之后，很快就写出了题为《揭穿内部行政行为之面纱——基于司法实践中“外化”之表达的一种解释框架》一文，并在 2011 年 9 月 30 日第 1 期“行政法判例研读”上报告，经过修改之后发表在《行政法学研究》2012 年第 4 期上。这是他学术积淀一年之后的收获，对他后来的学术研究具有较深的影响。经过这一年，他不仅有了更为扎实的行政法专业基础，更为重要的是实现了研究方法和思考方式的转型。在他与我商量博士论文选题时，我建议以这篇论文为基础，作延长线上研究，扩展为博士论文，他接受了我的建议。这就是他的博士论文的由来。2013 年 6 月，他入职郑州大学法学院。2014 年，他以“内部行政行为外部化理论研究”为题申报并获得了国家社科基金项目。这部个人专著就是永超多年来围绕内部行为效力外部化理论研究这一主题深耕细作的成果,今天读之,受益良多。

内部行政行为不可诉,这是行政法通说。但是有没有例外呢?对此,判例已经有了肯定性答案。在"延安某建筑工程有限责任公司诉陕西省延安市安全生产监督管理局生产责任事故批复案"的裁判要旨中,最高人民法院明确指出,按照《行政诉讼法》的规定,作为内部行政行为的批复不可诉,但内部行政行为通过行政机关的职权外化后,则可以纳入行政诉讼的受案范围。永超以此案为线索,精选出30余个案例作为研究对象,以"可诉"与"不可诉"的标准进行分类及针对性研究,并将判决中出现"外化"及"外部化"表述的案例作为重点研究内容。永超认为,内部行政行为"外部化"虽是一种体现司法政策属性的实践安排,但其内涵却具有相当的不确定性,在实务中容易变成个案性的选择而陷入不稳定的风险,因此,如何判断"外部化"构成本书论证的核心。为此,他引入了行政过程的程序性与组织性、执行名义本身与执行名义执行、成熟性原则、反射利益与保护规范理论、多阶段行政行为等理论,在多元理论的框架下交错考量"外部化"的平衡空间。通过学理缜密思考,案例类型化精心提炼,他将独立行为、职权主体、效果意思作为认定"外部化"的三大构成要素,并在此基础上,完整地勾勒出一项尝试走出迷思的实践谱系:"外部化"的对象——内部行政行为的存在、"外部化"的适意——独立要素的性质、"外部化"的主体——运用公权的同一主体、"外部化"的效力——法律效果的产生。

就内部行政行为"外部化"而言,无论是它的构成要素还是它的实践谱系,都源于判例的提炼与学理建构,其本身的法理价值只有需要回到实践的"复验"中才能正确评估。因此,对于永超来说,本书正式出版并不是本课题研究的终结,而是在更高法理层面上的一个新的起点。毕竟,如成熟性原则、反射利益与保护规范理论、多阶段行政行为等作为域外理论,如果不借助于本土化基础而直接用于支撑自己的观点,虽然可能获得逻辑上的圆满与自洽,但对实践的引领价值可能要大打折扣。永超法学功底硬实,实务经验丰富,从本书中我们可以看到,他的思想并不是飘浮在半空中一戳即破的五色彩球,而是正如其在书的最后所说的,“在建构行政诉讼上内部行政行为外部化的判断标准后,仍希望在将来能与法制上的具体规范相互呼应,以求实然面与应然面得以完全一致契合,而达到规范整合的和谐状态”。

期待永超将有更多的学术成果与我们分享!

是为序。

章剑生

2022 年 5 月 23 日

杭州·锁澜坊

目　次

1 绪 论

1.1 基于司法实践的“外部化”[①]发现

案例一 魏某高、陈某志诉来安县人民政府收回土地使用权批复案[②]

【案情简介】2010年8月31日，安徽省来安县国土资源和房产管理局向来安县人民政府报送《关于收回国有土地使用权的请示》，请求收回来安县永阳东路与塔山中路部分地块土地使用权。2010年9月6日，来安县人民政府作出《关于同意收回永阳东路与塔山中路部分地块国有土地使用权的批复》。来安县国土资源和房产管理局收到该批复后，没有依法制作对外发生法律效力的法律文书并向原土地使用权人送达收回土地使用权的决定，而直接交由来安县土地储备中心来实施该批复。魏某高、陈某志的房屋位于被收回使用权的土地范围内，其对来安县人民政府收回国有土地使用权的批复不服，提起行政复议。2011年9月20日，滁州市人民政府作出行政复议决定书，维持来安县人民政府的批复。魏某高、陈某志仍不服，遂提起行政诉讼，请求人民法院撤销来安县人民政府的上述批复。

【审理裁判】法院生效裁判认为，来安县人民政府对于收回土地使用权的

---

① 本书中涉及外部化的用语会有“外化”、“外(部)化”和“外部化”等表述形式。需要特别说明的是:“外化”一般在直接引用裁判文书或已有理论文献的词句时使用;“外(部)化”一般使用在对于裁判文书用语的概括引用时,因为裁判文书中有的用语是“外化”,有的是“外部化”;“外部化”一般在本研究中作为理论提炼时使用,同时如果需要强调说明会加引号,不需要强调时则不加引号。

② 参见最高人民法院指导案例22号,载最高人民法院网2013年11月16日,https://www.court.gov.cn/shenpan/xiangqing/6006.html。

批复属于内部行政行为，不向相对人送达，对相对人权利义务的行使并无实质影响，一般不属于行政诉讼的受案范围。但本案中，来安县人民政府作出批复后，来安县国土资源行政主管部门没有制作并送达对外发生效力的法律文书，即直接交来安县土地储备中心根据该批复实施拆迁补偿安置行为，对原告的土地使用权造成了实际影响，原告也通过申请政府信息公开了解到该批复的内容，并对此批复提起了行政复议，复议机关作出复议决定时也告知了其诉权，该批复已实际执行并外化为对外发生法律效力的具体行政行为。因此，对该批复不服提起行政诉讼的，人民法院应当依法受理。

案例二　吉某仁等诉盐城市人民政府行政决定案①

【案情简介】2002 年 8 月 20 日，盐城市人民政府作出第 13 号《专题会议纪要》，主要内容包括：城市公交的范围界定在批准的城市规范区内，以城市规划区为界，建设和交通部门各负其责，各司其职；城市公交在规划区内开通的老干线路，继续运营不受影响并免交有关交通规费；在规划范围内的城市公共客运上发生的矛盾，须经政府协调，不允许贸然行事，否则将追究有关方面的责任。吉某仁等认为，第 13 号《专题会议纪要》属于违法行政决定行为，向江苏省盐城市中级人民法院提起诉讼。

【审理裁判】一审法院认为，被告盐城市人民政府的第 13 号《专题会议纪要》虽然形式上是发给下级政府及所属各部门的会议材料，但从该纪要的内容上看，它对本市城市公交的运营范围进行了界定，并明确在界定范围内继续免交交通规费，而且该行为已实际导致城区交通局对公交总公司的管理行为的中止，所以该会议纪要是一种行政决定行为，有具体的执行内容，是可诉行政行为。

二审法院认为，由于该会议纪要是赋予一方当事人权利的行为，且公交总公司作为受益人也参加了会议，第 13 号《专题会议纪要》虽未向利益相对方直

---

① 参见吉某仁等诉盐城市人民政府行政决定案，载《最高人民法院公报》2003 年第 4 期。

接送达，但第13号《专题会议纪要》的相关内容在其后已经得到了执行，城区交通局也已将无法对公交总公司进行行政管理的原因及第13号《专题会议纪要》的内容书面告知了吉某仁等，应当认定盐城市人民政府在第13号《专题会议纪要》中作出的有关公交车辆在规划区免征规费的行为是一种可诉的具体行政行为。

案例三 广州市某投资发展有限公司诉广东省广州市对外经济贸易委员会行政处理决定纠纷案[1]

【案情简介】1998年12月31日，珠江侨都筹委会办公室作出《珠江侨都筹委会会议纪要》，同意广东市某投资发展有限公司（以下简称广州某投资公司）某公司参与珠江侨都工程项目。1999年10月25日，被告广东省广州市对外经济贸易委员会作出穗外经贸业〔1999〕233号《关于撤销我委穗外经贸业〔1999〕143号文的通知》（以下简称233号通知）致广州市人民政府侨务办公室。233号通知的内容是"我委于1999年7月29日发出穗外经贸业〔1999〕143号文《关于撤销我委三个批复文件的通知》，经研究现予以撤销"。广州某投资公司不服233号通知行政处理决定，向广东省高级人民法院提起诉讼。

【审理裁判】一审法院认为，虽然被诉的233号通知属于具体行政行为，但没有依据认定原告广州某投资公司与该具体行政行为存在法律上的利害关系，因此，广州某投资公司不具备本案原告的诉讼主体资格。

最高人民法院认为，珠江侨都筹委会的纪要只具有行政指导性质，不具有强制力，该纪要关于"同意某公司参加珠江侨都项目的投资"的表述，不能改变侨都公司各方的法律地位，不能在法律上产生新的权利和义务关系，不具有行政法律效力。

---

① 参见广州市某投资发展有限公司诉广东省广州市对外经济贸易委员会行政处理决定纠纷案，载《最高人民法院公报》2002年第6期。

案例一表明,法院对于作为内部行政行为的上级对下级的批复是否纳入受案范围的关键性的判断标准,是上级的批复对下级进一步的行政行为是否已外化为对外发生法律效力的具体行政行为,进而对外部相对人的合法权利义务是否产生了实际的、必然的和确定的影响。案例二则更进一步表明,对于形式上属于抽象性内部行政行为的会议纪要,法院有将其纳入受案范围的可能性。换言之,具体个案中所需要判断的会议纪要不仅要从行为形式上作出区分,还要对其具体内容作出最为精准的分析。如果会议纪要内容在法律上具有强制执行力,且能够影响特定当事人的权利义务,则属于具体行政行为,应纳入行政诉讼的受案范围。这里对于会议纪要属于具体行政行为的定性,完全是出于符合1989年《行政诉讼法》规定的需要——可诉行政行为需为具体行政行为的无奈。2017年修正并现在施行的《行政诉讼法》中虽未明确行政行为的具体内涵,但基本与1989年《行政诉讼法》中的"具体行政行为"具备相同法律效果。2018年颁布的最高人民法院《关于适用〈中华人民共和国行政诉讼法〉的解释》(以下简称《行诉解释》)中"有关不可诉行为"的列举式规定虽没有全部改变前述局面,但是,认真观察《行诉解释》第1条"有关不可诉"的新规定,其对行政行为理论发展具有重大意义。①

与前两则案例不同的是,案例三中,法院认为同属于内部行政行为的会议纪要只具有指导意义,本身并不对外发生法律效力,即未对行政相对人的法律地位产生影响,不具有可诉性。但会议纪要中有确定某一行政事项如何处理

① 参见章志远:《新〈行政诉讼法〉司法解释对行政法学理论的发展》,载《福建行政学院学报》2018年第4期。与2018年最高人民法院颁布的《关于执行〈中华人民共和国行政诉讼法〉若干问题的解释》相比,《行诉解释》在"不可诉行为"的负面清单上增加了五项新的规定,即"行政机关作出的不产生外部法律效力的行为""行政机关为作出行政行为而实施的准备、论证、研究、层报、咨询等过程性行为""行政机关根据人民法院的生效裁判、协助执行通知书作出的执行行为,但行政机关扩大执行范围或者采取违法方式实施的除外""上级行政机关基于内部层级监督关系对下级行政机关作出的听取报告、执法检查、督促履责等行为""行政机关针对信访事项作出的登记、受理、交办、转送、复查、复核意见等行为"。这种回避直接定义行政行为、以负面清单形式框定可诉行政行为范围的做法,不失为一种较为明智的策略选择,对行政行为理论的发展也起到了重要的作用。

的初步意见,因此具有证据意义而不能纳入行政诉讼的受案范围。

以上体现最高人民法院司法态度的三则案例引发笔者的好奇心,案例一以及案例二都认为内部行政行为如果对外部相对人的合法权益产生影响,法院就须审查行政行为之作成是否合法,而不论行为的形式及传统性质为何。案例三则先从形式与性质着手,通过法律效果的连接推定行政行为是否具有法律效力,有无影响相对人权利。这里面更为有趣的现象是,不同审级的法院对于同一争议行为的性质及可诉性与否的认定有时也会发生抵牾。这是否暗示着各级法院对于行政行为尤其是内部行政行为的审查程度有不同的态度?

为了进一步明晰法院对于该类案件的态度与判准,笔者以"内部行政行为"为关键词,在"北大法宝"上共收集了"经典案例"101 个,其中与本研究核心意旨相符的案例共 31 个。[①] 但从该组案例的表象进行分析不仅不能对已纳入受案范围的判决理由作出精准把握,还很难预测类似案件的可诉性。这就引发了笔者以下疑问:究竟什么样的内部行政行为可以纳入诉讼的受案范围?相关的法律表达是否能为个案的受理提供制度依据?法院受理与否的判断标准有没有、是什么?为何不同的法院对此判断标准有不同的认知?个案中法院应当如何审酌标准的构成要素?如何把相关的理论工具综合应用到既有的制度框架中,使其从功能理性向制度理性的转变?

综观我国文献,种种问题鲜少有深入的讨论。但是,诸如此类的法律争议不仅时常发生且又反复无常。细想之下,原本以为微不足道的内部行政行为带来的影响力恐怕还超过一些形式鲜明的外部行政行为。那么,是不是该想办法去规范,或对此种行为创造出适用的理论阐释,答案已是呼之欲出了。在公法学蓬勃发展的今日,在我国行政程序法和行政法总则等法律制定之际,努

① 对此的描述与分析在下文中会有专门详细的解读,考虑论文的谋篇布局,此处不展开。每个案例的简要情况会在本书"案例附录"中介绍。

力不懈地发掘那些未被深入讨论但却深具法学意义的题材应是可选的方向。值此之故，笔者遂以"内部行政行为外部化"作为研究课题，期盼通过系统的分析与建构，作为回应司法实践或者深化学理讨论的基本资料之一，使其间蕴含的司法逻辑与法学原理得以挖掘与完善。

1.2 问题意识及研究方法与进路

1.2.1 接续"外部化"意识的深入思考

我国行政诉讼制度自 1989 年立法制定通过起，正式施行已有 30 余年，并形成了以行政行为为程序标的的制度框架。行政行为与行政诉讼的关系可谓互为条件、彼此影响，行政行为作为该制度中最为核心、最为关键的概念，一向是法学理论与诉讼实务的重要课题。

在形式概念与制度概念的约束下，对于行政行为形式的学理讨论从未间断。首先，对行政行为形式的个别要素下定义，分析其存在态样及作成方式。其次，在确定要素后与制度效果做联结，即为何种形式控制的法律效果所拘束。最后，根据行为法律效果选定监督方式或司法审查的判断标准。其中较为经典的形式分类之一即是将行政行为划分为外部行政行为与内部行政行为两类。最初，以此种方式划分行政行为的意义在于内部行政行为不能成为司法审查的对象。

在我国传统的行政诉讼理论与司法实践中，"内部行政行为不可诉"似乎已成共识性原理。然而，当内部行政行为的法律效果反射至外部而涉及行政相对人的合法权益时，其即属"外部化"。此时，将其纳入行政诉讼的受案范围已是不可避免。对于学说理论与司法实践乃至于未来的制度设计而言，"内部行政行为外部化"无疑是一个亟待解决的理论问题和现实问题。

根据 1989 年《行政诉讼法》第 2、5、11、12 条的规定，"具体行政行为"是司法审查的对象，并对其范围以列举式和概括式的方式予以明确。1991 年，最高人民法院通过《关于贯彻执行〈中华人民共和国行政诉讼法〉若干问题的意见

(试行)》对"具体行政行为"的概念进行了相对界定。[①] 2000 年,最高人民法院《关于执行〈中华人民共和国行政诉讼法〉若干问题的解释》(已失效,以下简称《执行行诉若干解释》)将司法审查的对象规定为"行政行为"。[②] 根据现行《行政诉讼法》第 2、6、12、13 条的规定[③],其也将司法审查的对象规定为"行政行为"。依此规定可以发现,行政诉讼受案范围的对象已由"具体行政行为"转向"行政行为"。对于这一法律用语的变化,有学者将其称为"一次法律的革命"。[④] 该"革命"所带来的影响如果从本研究的角度观察,或许可以从过去的司法实务中看出司法判决的对象不再单从行为形式进行判断,而是更为关注行为的法律效果。

由此,"内部行政行为不可诉"这一传统的行政诉讼理论与司法实践中的旧有共识性原理似乎正在新的时代背景与制度框架下被悄悄修正。依据笔者的统计可以发现,内部行政行为在司法实践中被有选择性地纳入了行政诉讼的受案范围,回应了人们正在变化的法治观和权利意识。但是,如果简单将此贴上"正当"的标签,多少有一种夹杂主观情感的惯性想象。因为其间彰显的远不是其表面呈现的那样,从筛选的判决"文本"来看,扩张受理的依据似乎只

---

① 《关于贯彻执行〈中华人民共和国行政诉讼法〉若干问题的意见》(已失效)1."具体行政行为"是指国家行政机关和行政机关工作人员、法律法规授权的组织、行政机关委托的组织或者个人在行政管理活动中行使行政职权,针对特定的公民、法人或者其他组织,就特定的具体事项,作出的有关该公民、法人或者其他组织权利义务的单方行为。

② 《执行行诉若干解释》(已失效)第 1 条规定,公民、法人或者其他组织对具有国家行政职权的机关和组织及其工作人员的行政行为不服,依法提起诉讼的,属于人民法院行政诉讼的受案范围。公民、法人或者其他组织对下列行为不服提起诉讼的,不属于人民法院行政诉讼的受案范围:……(六)对公民、法人或者其他组织权利义务不产生实际影响的行为。

③ 《行政诉讼法》第 2 条规定,公民、法人或者其他组织认为行政机关和行政机关工作人员的行政行为侵犯其合法权益,有权依照本法向人民法院提起诉讼。前款所称行政行为,包括法律、法规、规章授权的组织作出的行政行为。

第 6 条规定,人民法院审理行政案件,对行政行为是否合法进行审查。

第 12 条规定,人民法院受理公民、法人或者其他组织提起的下列诉讼:……除前款规定外,人民法院受理法律、法规规定可以提起诉讼的其他行政案件。

第 13 条规定,人民法院不受理公民、法人或者其他组织对下列事项提起的诉讼:……(四)法律规定由行政机关最终裁决的行政行为。

④ 参见何海波:《实质法治:寻求行政判决的合法性》,法律出版社 2009 年版,第 108 页。

是《行政诉讼法》中极为不确定的“文义”(如利害关系、影响、法律效果),再加上一种抽象性比上述文义毫不逊色的描述性概念——“外(部)化”。毫不夸张地说,无论是法官还是学者,没人能从这些法律文字中具体地预测到下一个类似案件的审查结果。因为从笔者统计的数据中可以发现,对于“内部行政行为”可诉与否的司法实践并不是统一的,不同的操作方式实易引发标准不一的疑虑,或会使所受理的客体漫无限制地扩张,在仅关注形式而完全取决于法官自行认定的情况下,结果易变成个案的选择而陷入不稳定的风险。因此,外观的“可预测性”也就成了令人担忧的一点。这也正是本研究的核心命题所在——“外部化”理论的体系化建构。

有鉴于前述的由实际案例引发的种种“外部化”疑思,笔者曾写过一篇论文对于其中的问题做过框架性思考。[①] 本研究之目的就是接续这方面的研究,针对已有的类似判决,进行统计与文本上的分析整理,并站在目前学界与法官的讨论基础上,分层次、多角度地回应核心命题与周边理论的关联,分析提炼受理扩张依据之“外(部)化”的构成要素,并对其中蕴含的相关课题进行深入化研究。最为关键的是在上述研究成果的基础上,构建揭穿内部行政行为面纱的思考模式与判断层次,使司法实践的功能性叙事获得理论支撑和视域拓展。

第一个目的在于能够从实务中总结内部行政行为得以纳入行政诉讼受案范围的判断标准。现行《行政诉讼法》虽在第 13 条第 3 项对相关争议作出了认定与规范[②],但仍无法杜绝实务上对受案范围的争议。这不仅是因为内部行政行为法律概念的不清晰与学理分类的模糊性令法律规范无法一并涵盖行为类型的可诉性,也是因为理论基础的发展与更迭,比如特别权力关系的解构与重要性理论的建构即为一例。但另一思考途径,搜集有关较具争议的内部行

---

① 参见李永超:《揭穿内部行政行为之面纱——基于司法实践中“外化”之表达的一种解释框架》,载《行政法学研究》2012 年第 4 期。

② 当然,由于《行政诉讼法》的修改,其条款形式发生了变化,在 1989 年《行政诉讼法》中可见第 12 条第 3 项的规定。

政行为案例类型,从实务上所发生之案例来说明内部行政行为在不同分类之下所衍生之争议及困扰,发现并总结现行司法实践中对此类客体纳入受案范围的判断标准。

第二个目的在于精细化内部行政行为外部化的学术研究。遵循法院的审理思路,以判决文本为基础,结合已有的学说讨论和实务见解归纳出"外部化"的构成要素,并对所提炼出的构成要素进行详细阐释。对于"外部化"作为扩张受理依据的质疑予以分析与回应,挖掘和梳理"外部化"在司法语境中的功能,呼应我国公民权利保障和司法救济的时代要求,并在多元理论交错考量下试图形塑"外部化"理论的决定要素。

第三个目的是分析整合解决实务上涉及内部行政行为可诉性的疑虑的方法。通过对"外部化"理论的构建与阐释,让相对人权益保障与法院选择不再陷入行政行为形式与性质的迷思之中,而是进一步迈向"有权利,就有救济"。但由于行政管理有其自身的特殊性,面对纷繁复杂的行为形式,也不能无节制地适用"外部化"扩张受理依据,而应在相应排除模式下继续周全实务的选择。

国内行政法学界对该问题的关注相对稀缺。虽有论者在不同的脉络下对内部行政行为的可诉性有所思考,但对于内部行政行为与"外部化"的关联仅有定义性的概括,而通案性的观察分析及其判断标准的体系性尝试则付之阙如。同时,不同的法院在审判实践中对"外部化"的态度与判断标准也不尽相同。与此相对,最高人民法院通过发布指导案例等形式表明态度,使"外部化"的司法审查在实务中渐获广泛性运用与"官方性"认可。但是,理论研究的匮乏不仅令司法实践陷入个案选择的不稳定性风险,还造成"行政程序法"草拟与《行政诉讼法》修改中的偏颇性畸生。

将视野转向国外,英美法系国家实行一元救济模式,对于行政机关的行为性质判断问题不太突出。通常而言,依公权力所实施的行政活动是可以进入司法审查范畴的,且法院介入的时点多采用成熟原则标准。大陆法系国家,如德国法学及实务界则从行为作出的程序形式着手分析,原则上采取集中式权利保护的立场,但在面对行政过程渐趋复杂且呈现阶段化的现象时,则主张在行为作出过程中采取“阶段特定权利保护”。同时，为更好地控制行政系统及其内部事项，行政程序不仅实现了法治化，新近理论还系统发展了“内部行政法”。

在公法学蓬勃发展的今日，在我国“行政程序法”或行政法典等制定之际，本课题将立足于中国特定的时空背景与司法实践，透过既有理论的多维视角对内部行政行为外部化进行系统分析与建构，使其间蕴含的司法逻辑与法学原理得以挖掘与完善，不仅能精细化行政行为及诉讼学理的学术研究，还必然使司法实践的功能性叙事获得理论支撑和视域拓展，从而为防止“内部行政行为逃逸法治主义”的制度设计提供解套之道。

1.2.2　研究方法与进路展开

1.2.2.1　研究方法的选择

为了回应一项核心命题、解决两个层面议题、达致三个研究目的，本研究主要采取的研究方法是案例分析法。在本课题的研究过程中，案例分析法主要分为以下三个步骤予以体现。

步骤一：个案分析。

约翰·格宁（Gerring J.）将个案分析（case study）定义为“以单一个案了解多数相似群体的特殊方法”（an intensive study of a single unit for the purpose of understanding a larger class of（similar）unit）。之所以可以以单一个案进行推论，是因为这个研究方法要求必须观察到明显的“因果关系”（causal relation），至少观察到“共变”（covariance）的证据；一旦共变关系不存在，则可推翻两者之间的因果关系。依照共变关系的类型，我们可以以空间与时间的变化作为两个象限，将个案分析分为八种进行的方式：（1）唯一个案、单一时序：逻辑上不可能有这样个案存在，因为无从比较。（2）类型一个案分析（case study Ⅰ）：唯一个案、跨时序；同一样本在不同时间点上的变化。（3）类型二个案分析（case study Ⅱ）：个案内多单位、单一时序；同一母体下，不同样本之间的个案比较。（4）类型三个案分析（case study Ⅲ）：个案内多单位、跨时序；与类型二个案分析的差别仅在于跨时序与否。(5)跨部门研究(cross - sectional):多个案、单一时序。(6)时间序列跨部门研究(time - series cross - sectional):多个案、跨时序。(7)层级式个案分析(hierarchical):多个个案、个案内多样本,单一时序。(8)层级时间序列、历史比较研究(hierarchical time - series; comparative - historical):多个个案、个案内多样本,跨时序。①

本研究为了解法院有选择性地将内部行政行为纳入受案范围的理由将所搜集到的案件分为了两大类:纳入受案范围的案件与被排除在受案范围之外的案件。对于纳入受案范围的案件,法院认为行政机关的争议行为有司法审查的必要,该行为对于相对人有拘束力,对其权利义务有相应的影响,但具体用语各有不同。而那些被排除在受案范围之外的案件被认为形式上属于内部行政行为,并在这一点上存在争议,同时被认为其对行政相对人的权益没有造成直接的影响,相关表述诸如"不具有外部法律效果""未直接发生法律效力""未直接送达"等。本研究依上述分类观察审查态度的不同对内部行政行为以及司法监督的用语。以最高人民法院裁判或公报案例为本研究探讨之主要个案符合个案分析中的类型二个案分析,即在同一母体(最高人民法院)当中,依照样本之间不同的司法态度进行跨样本的比较。

由于本研究两个层面的问题涉及实务上司法适用的真实性,属于对所构建理论的验证,除了用个案分析的方法在个案间比较寻找逻辑关系之外,本研究还需要用更严谨、更缜密的方法进行理论验证的研究,是以本研究还将使用关键个案分析的方法。

步骤二:关键个案分析。

关键个案分析(crucial - case study)为个案分析的一个类别,是一种企图将单一案例普遍化的研究方法,透过某个具有代表性的个案即可证明理论的真伪。因此,使用关键个案分析首先必须有欲对话、验证的理论,以及合适的

① See J. Gerring, *What Is a Case Study and What Is It Good for?* The American Political Science Review 341(1998).

个案;该个案并非只在分析、建立模型之用,也用以定义欲验证的理论的真伪。[①] 此种方法最早由哈里·埃克斯坦(Eckstein H.)于1975年提出。依照哈里·埃克斯坦的观点,关键个案分析法是一种应证理论或否证理论的研究方法。前者必须挑选某个除了该理论可解释之外,无更合适的解释途径的案例;后者则是在所有条件都符合的情况下,依照理论可预期产生某现象或结果,但实际上却无法证明(即使只是因为一个条件无法符合)。[②] 然而,这种以单一关键个案(stand – alone crucial case)建构理论的方法受到了不少人的质疑。

约翰·格宁认为能符合上述情境的研究非常少,不仅合适的经验个案少,而且能被验证的正式理论也少,适用情境有限。据此,约翰·格宁提出了改进的方法:不再强调个案对理论的支持或否定,转而注重是否能够阐明其中的因果关系机制。其理由在于,在社会科学领域,我们很难提出有哪个个案可以完全地符合某个理论的要件。通常,研究者探讨变项之间的因果关系时会以证据来验证假设,但其使用的语言是"在证据存在的前提之下,所提出的假设可能发生的百分比",即证据与假设的相关程度问题。既然是以概率的语言呈现,就不会是"符合"与"不符合"这样非黑即白的命题。[③]

选择合适的关键个案对关键个案分析是很重要的。首先,该个案必须从一庞大的母体中选出,不能仅是一种观察到的单一现象。其适用的类型大致有两种:"最大可能个案"(most – likely case)和"最小可能个案"(least – likely case)。前者是指在某理论的预期下,该个案有最大的概率产生某结果,但实际上却没有发生,用以否定理论。后者则刚好相反,若理论所预期的结果在一般人的常识中极不可能发生,但却如理论预期的发生了,则我们可以证明理论

---

① See J. Gerring, *What Is a Case Study and What Is It Good for?* The American Political Science Review 341(1998).

② See H. Eckstein, *Case Study and Theory in Political Science*, In F. I. Greenstein and N. W. Polsby, eds., Strategies of Inquiry, Reading, MA: Addison – Wesley Pub. Co.

③ See J. Gerring, *Is There a (Viable) Crucial – Case Method?* Comparative Political Studies 231 (2007).

为真。①

本研究所建构的“外部化”理论在具体适用中满足排除模式的情形，如有法律特别规定的或符合多阶段行政行为特征的案件即可属于“最大可能个案”。按照公正司法的逻辑，法院对于同一类型的案件应该作出同一的裁决，司法机关没有选择或拒绝裁判的权利与自由。“最大可能个案”代表法院不必然适用“外部化”理论的最具代表性案例，借由该类型个案的分析，我们可以更准确地了解法院在面对具体个案时的思考模式与解释策略。

步骤三：个案选择。

本研究为从整体面与个别面分别了解法院对内部行政行为的审查态度与解释理由，将个案选择分为了以下四个阶段。

第一，选出符合研究范围的司法案例。

本研究以内部行政行为为司法程序标的的所有司法案例作为个案分析的基础，将所有“北大法宝”中以“内部行政行为”为关键词所搜集到的案例根据数据库的四个象限分类，再挑选其一作为个案分析的群组。② 通过对筛选出的案例进行研读，发现其大致又可划分为两类——近似于传统理论上对内部行政行为作出的工作关系与人事管理关系的分类，并选取其中一类作为进一步研究的对象，形成本研究的核心旨趣，对于另外一类暂不考察，具体论述留待下文。基于上述标准，本研究于现有的 101 个经典案例当中（截至 2018 年 12 月）挑选出其中 31 个与本研究旨趣相关者（见表 1）。

---

① See J. Gerring, *Is There a (Viable) Crucial – Case Method?* Comparative Political Studies 231 (2007).

② 截至 2018 年 12 月，笔者以“内部行政行为”为关键词，在“北大法宝”共收集案例 201 个，其中数据库的分类有五：最高人民法院指导案例（1）、最高人民法院公报（2）、经典案例（101）、精选案例（91）、普通案例（6）。为了研究的需要，本研究以“经典案例（101）”为个案分析的群组，其中与研究核心意旨相符的案例共 31 个。

表 1 内部行政行为是否可诉的经典案例

序号	案由	案号	是否可诉	有无中介行为	有无直接送达
1	王某义诉甘肃省通渭县人民政府土地行政批复案	(2018)最高法行申 5702 号	否	有	无
2	马某诉宁夏回族自治区人民政府行政管理案	(2018)最高法行申 1177 号	否	无	无
3	黄某诉江苏省南京市建邺区人民政府、江苏省南京市建邺区城市管理行政执法局房屋拆除行政强制案	(2018)最高法行申 4119 号	否	无	无
4	练某火诉广西壮族自治区柳州市规划局、广西壮族自治区柳州市人民政府规划行政处罚及行政复议案	(2018)最高法行申 5868 号	否	有	无
5	无锡市某家具厂、无锡市某家具城诉江苏省无锡市北塘区人民政府其他行政行为案	(2017)最高法行申 4211 号	否	无	无
6	邱某金等诉重庆市人民政府行政复议案	(2016)最高法行申 90 号	否	无	无
7	吴某秀诉湖北省武汉市洪山区人民政府确认会议纪要违法案	(2016)最高法行申 3200 号	否	无	无
8	李某志诉重庆市人民政府土地征收行政复议案	(2016)最高法行申 1745 号	是	无	无
9	林某容、郭某、向某平诉重庆市人民政府土地征收行政复议案	(2015)行监字第 1358 号	是	有	无
10	罗某会诉重庆市人民政府土地征收行政复议案	(2014)行提字第 31 号	是	有	无

续表

序号	案由	案号	是否可诉	有无中介行为	有无直接送达
11	河南某商贸有限公司与国家工商行政管理总局商标局行政批复纠纷案	（2013）行提字第2号	是	无	无
12	魏某高、陈某志诉来安县人民政府收回土地使用权批复案	（2012）皖行终字第14号	是	无	无
13	富宁某煤业有限责任公司与富宁县人民政府其他行政行为及行政赔偿纠纷上诉案	（2011）云高行终字第83号	否	无	无
14	新安县人民政府诉新安县某化工有限公司行政决定案	（2011）洛行终字第14号	是	无	无
15	张某应诉重庆市南岸区人民政府强制拆迁批复行政纠纷案	（2010）渝五中法行初字第142号	否	无	申请信息公开得知
16	薛某兰与宣城市人民政府城市规划行政批复纠纷上诉案	（2009）皖行终字第0061号	否	无	无
17	延安某建筑工程有限责任公司诉陕西省延安市安全生产监督管理局生产责任事故批复案	（2009）陕行终字第28号	是	无	无
18	郑某华等不服成都市武侯区人民政府国土行政批复案	（2009）成华行初字第1号	是	无	无
19	万宁市人民政府等与海南某环保实业有限公司土地行政征用及行政赔偿纠纷上诉案	（2007）琼行终字第100号	是	有	有

续表

序号	案由	案号	是否可诉	有无中介行为	有无直接送达
20	梁某诉南宁市邕宁区人民政府会议纪要案	(2006)邕行初字第2号	是	无	无
21	佛山市某贸易有限公司诉佛山市人民政府、佛山市国土资源局收回国有土地使用权案	(2005)粤高法行终字第14号	否	有	无
22	某食品有限责任公司诉泗洪县人民政府行政命令纠纷案	(2005)苏行终字第61号	是	无	无
23	董某诉如皋市人民政府责成强制拆迁案	(2004)苏行终字第96号	否	无	无
24	叙永县某厂不服叙永县财政局国有资产界定案	泸州中院(2003)([法宝引证码]CLI. C. 26493)	是	无	无
25	宋某全不服泸州市公路运输管理处收回营运线路牌照案	泸州中院(2003)([法宝引证码]CLI. C. 26502)	是	无	无
26	吉某仁等诉盐城市人民政府行政决定案	(2003)苏行终字第025号	是	无	无
27	某公司诉三亚市人民政府组织清算案	(2003)三亚行初字第13号	是	无	有
28	广州市某投资发展有限公司诉广州市对外经济贸易委员会行政处理决定纠纷案	(2000)粤高法行初字第1号	否	无	无
29	陈某璋诉三明市人民政府、三明市建设委员会等许可占道经营案	(1999)元行重字第11号	是	无	属于(具体)行政行为

续表

序号	案由	案号	是否可诉	有无中介行为	有无直接送达
30	申某与中牟县教委行政纠纷案	(1997)行终字第14号	是	无	视为行政协议
31	邱某不服连城县人民政府注销国有土地使用证案	(1997)岩行终字第4号	是	无	有

注:笔者制表,案件详情请参阅文后附录。表说明:表头“有无中介行为”是指针对上级行政机关的指示或批复等内部行政行为,下级行政机关有无另外行文作出相应的决定,即下级行政机关是直接根据上级行政机关的行为内容实施执行事实还是依据上级行政机关的行为另外行文作出相应的决定。

“有无直接送达”是指案件中的原告是通过何种途径得知上级行政机关所作出的指示或批复等内部行政行为内容的,“有”是指上级行政机关将所作出的指示或批复等行为内容通过一定方式直接送达给案中原告,与之相对的“无”是指下级行政机关在执行上级行政机关行为时通过一定方式让案中原告得知上级机关行为内容。表中空白处或不规范处是因为无法得知案例的相应信息。

“属于(具体)行政行为”是指原被告双方及审理法院对被告的“批复”行为的性质没有争议,都认为是(具体)行政行为。

“视为行政协议”是指争议案件中由于“会议纪要条款以举办人各方签名同意为生效条件,应视为中牟县教委与电器化学校的两名举办人三方签订的行政协议”。这一较为特殊的性质认定虽不为本研究意旨所完全包含,但争议的“会议纪要”并未因为形式属于内部行政行为而被排除在受案范围之外。

第二,依争议行为是否具有可诉性进行分类。

针对依上述方法挑选出的31个司法个案,本研究依据不同的标准将其予以分类。如以争议的内部行政行为“是否可诉”为标准,可将其分为纳入受案范围的案件(18个)与排除在受案范围之外的案件(13个)两类。又如以“有无中介”的标准,可将其分为直接执行的案件与另外行文的案件。例如,在“佛山市某贸易有限公司诉佛山市人民政府、佛山市国土资源局收回国有土地使用权案”中,一审法院认为,“由于佛府函〔2003〕79号文是针对佛山市国土资源局收回国有土地使用权请示而作出的批复,属于行政机关之间的内部批准文件,对原告的权利义务不产生直接影响,原告的国有土地使用权是因佛山市国土资源局作出的佛国土资字〔2003〕227号《关于收回五峰四路21号国有土地使用权的决定》而被收回的,故被告佛山市人民政府作出的佛府函〔2003〕79号文不属于行政诉讼受案范围”。该判决理由表明因为下级机关的另外行文“阻断”了佛府函〔2003〕79 号批复“直接对上诉人发生法律效力,对其权利义务不产生实际影响”,所以其被排斥在受案范围之外。与之不同的是“魏某高、陈某志诉来安县人民政府收回土地使用权批复案”,终审法院认为,“来安县人民政府作出批复后,来安县国土资源行政主管部门没有制作并送达对外发生效力的法律文书,即直接交来安县土地储备中心根据该批复实施拆迁补偿安置行为,对原土地使用权人的权利义务产生了实际影响……该批复已实际执行并外化为对外发生法律效力的具体行政行为”。最高人民法院把该案作为 22 号指导案例公布的同时,也确切地表达了其对“内部行政行为在外部化后是否可诉”的态度。

对于所选案例分类的标准不是主观臆断的,而是通过对案例进行对比发现其间差别后的一种提炼;分类的形式更不是毫无意义的,而是会对下一步的研究与判断起到至关重要的决定性作用。

第三,梳理法院判决理由。

本研究通过对选出的 31 个司法个案的法院受理或排除的判决理由予以梳理,提炼出了其中的关键性表述。该步骤依然采取上述“是否可诉”的分类进行。

排除在受案范围之外的判决理由中的关键性表述有:“未直接送达相对人,未对权利义务产生直接影响的,属于没有外化的内部行政行为,不具有可诉性”;“属于行政机关之间的内部批准文件,并未直接对上诉人发生法律效力,对其权利义务不产生实际影响”;“未直接送达,对行政相对人的权利义务不产生直接影响,应该在行政机关内部行文的范围内”;“上级行政机关对下级行政机关的批复属于内部行政行为的范围,未对原告的权利义务产生实际影响”;“并未给当事人设定新的权利义务,未对上诉人的权利义务产生实际影响”;“不能在法律上产生新的权利和义务关系,不具有行政法律效力”等。

纳入受案范围的判决理由中的关键性表述有:“内部行政行为内容外化,对行政相对人的权利义务产生了实际影响”;“批复实际对原告的相关利益产生了影响”;“由于已送达给原告,所以内部行政行为已转为外部化”;“会议纪要对原告的人身权和财产权产生了实质性影响”;“对该通知的告知与执行,该通知行为已经外化”;“送达了复印件,已将批复内容外化”等。

我们在上述关键性表述中的正反两方面发现了内部行政行为“是否可诉”的构成要素及判断标准。这也正是本研究所要完成的核心性课题,下文对此会有专门论述。

第四,选择关键个案。

依照约翰·格宁的理论,若能找到依照理论该发生、实际上却没有发生的“最大可能个案”,则可以之否证理论。经过对所选出的31个司法个案进行研究分析,我们发现延安某建筑工程有限责任公司诉陕西省延安市安全生产监督管理局生产责任事故批复案(以下简称“延安某建筑公司批复案”)不仅可以作为典型个案来论证命题的成立,还可成为“最大可能个案”的典型案例。因为根据《生产安全事故报告和调查处理条例》对“事故调查”的相关规定①,对于事故调查组的组织权限,有关部门可以在获得上级机关的“授权”或“委托”下进行。对于所构建的“外部化”理论是否能够无瑕疵适用,需要根据法律的特别规定予以讨论。这提示了本研究要进一步提出“判断进路中的例外排除模式”对“外部化”理论的适用情形作出周全界定。具言之,应将该案例作为本研究深度探讨的关键个案。如果就法律特别规定而言,2007年颁布并施行至今的《行政复议法实施条例》第13条②、2010年颁布施行至今的《最高人民法院关于审理行政许可案件若干问题的规定》(以下简称《行政许可规

① 《生产安全事故报告和调查处理条例》第19条规定,特别重大事故由国务院或者国务院授权有关部门组织事故调查组进行调查。重大事故、较大事故、一般事故分别由事故发生地省级人民政府、设区的市级人民政府、县级人民政府负责调查。省级人民政府、设区的市级人民政府、县级人民政府可以直接组织事故调查组进行调查,也可以授权或者委托有关部门组织事故调查组进行调查。未造成人员伤亡的一般事故,县级人民政府也可以委托事故发生单位组织事故调查组进行调查。

② 《行政复议法实施条例》第13条规定,下级行政机关依照法律、法规、规章规定,经上级行政机关批准作出具体行政行为的,批准机关为被申请人。

定》)相关规定①可谓典型适当例子。

通过上述详细描述,可以看出案例分析法对于本研究的贯穿性与关键度,但这并不能也无法排斥或拒绝其他研究方法的交叉运用,比如规范分析法、系统分析法和法社会学的方法等,对此不再加以展开描述。

1.2.2.2　研究进路的详述

本课题以回应司法实践中"外部化"之运用的问题与挑战为意旨,阐明在政策性与法治化背景下的行政诉讼创新思维,体系化构建内部行政行为外部化的基本理论框架,选择层次性判断脉络和未来变革的应对策略。为此,本课题的研究思路是运用法学、行政学、政治学等社会科学提供的概念、原理和方法,结合现有的行政实务与司法实践,对中国特定法制背景下产生的内部行政行为司法审查问题进行研究,通过对"外部化"的存在、功能、运行逻辑和判断脉络等多维度的分析,着力构建内部行政行为、外部化、司法审查之间关联互动的理论范式,并针对内部行政法律关系的分殊化现象,提供司法裁判技术上的理性应对。本课题在案例分析法的指引下展开思维,通过对"外部化"的存在、功能和运行逻辑的多角度分析,结合文本判决和理论学说归纳"外部化"的构成要素,并以此构建揭开内部行政行为面纱的判断脉络。在研究过程中,本课题将不只是关注体系化理论的构建与自洽,还关注深层的价值判断和未来的制度选择,并力图为认识和思考内部行政行为外部化这一中国问题提供独特的视角。具体进程表现如下:

首先,从三则有关内部行政行为是否可诉的法院判决出发,发现其间隐藏的理论及制度问题,并尝试以案例分析法通过整理和分析已有的类似司法审查实例,更清晰地认知内部行政行为及其外部化在实务中运用的现状与问题,以此确立研究的核心意旨与努力方向。

---

① 《行政许可规定》第4条规定,当事人不服行政许可决定提起诉讼的,以作出行政许可决定的机关为被告;行政许可依法须经上级行政机关批准,当事人对批准或者不批准行为不服一并提起诉讼的,以上级行政机关为共同被告;行政许可依法须经下级行政机关或者管理公共事务的组织初步审查并上报,当事人对不予初步审查或者不予上报不服提起诉讼的,以下级行政机关或者管理公共事务的组织为被告。

其次,以一则更具典型性的司法案例将问题引出并展开研究,通过对外部化及其关联主题“内部行政行为”的梳理、分析与界定,发现内部行政行为及外部化理论与司法实践之间存有相当的背反与断裂。主要表现在:理论不足,难以回应客观诉求;工具主义的非制度化导致司法理性的减损。

再次,借助搜集整理的案例情况,抽身于法律体系之外,从现象观察者的视角将“外(部)化”的司法实务作为一种现象加以观察。外部化的机能在具体的语境下获得了释放,充实了法院可资取用的说理内容与审查准据,但也因为不同法院对其实质内涵与判断标准的不确定性的理解,外部化的运用产生了一定的疑虑与担忧,为此需要在多元理论的框架下交错考量外部化的平衡空间。

接着从法理的角度寻找“外部化”存在的理论基础,主要借助搜集到的案例,归纳整理相关判决文书中的不同论述语句,循着法院的审理思路,结合理论学说的观点与立场,提炼“外部化”的构成要素,并做可证立性的进阶分析,以厘清外部化的真义,形成框架性解释,为下一步判断脉络的构建提供理论支撑。

最后,在分析论证构成要素等框架性解释的基础上,尝试构建走出迷思的实践谱系:在一定的思考模式下,形成四层次的判断进路,并在兼顾特殊情形的例外模式下继续周全理论的完善与实务的选择,从而形成完整的、体系化的理论建构。

当然,结论的续写也并非多余。这里不仅需要梳理节要与本研究所得,更为重要的是需要对未来发展的相关议题作出延伸思考。

1.3 课题所涉问题的研究价值

1.3.1 体系化内部行政行为得以司法审查的形式与判准

“外部化”的司法创设使内部行政行为被有选择地纳入了行政诉讼的受案范围,但它仅是抽象的描述性的概念而无明确统一的判断标准,人们无法借此预测到下一个类似案件的审查结果。本课题的研究能够让“外部化”在联结内部行为与司法审查时变得具有“可预测性”，成为一个考虑全面的法治实践过程。

1.3.2　从理念与技术层面提供适切的立法建议

只有把司法政策的价值和取向熔铸于现实的制度构造与运作中，它才会对整个救济观念和审判实践产生巨大的辐射作用。因此，本课题不仅回应了司法实践的现实需求，还对行政法规范中“内、外”二元结构的走向、未来行政程序法等的制定从理念与技术两个层面提出了适切的应对策略与立法建议。

1.3.3　拓宽行政法的规制范围

在前人研究的基础上，本课题延伸思考了行政法不能限缩于法院为权利保护的观点，而应该及于法院控制所不能及的领域。就行政的内部与外部关系、与公民所为点状式的接触，以及其他决定关联性，行政法均应加以掌握讨论。行政活动也不仅是由外部加以控制，也应该由内部起，以民主与法治的方式加以规范。

2 思维起点与概念辨析

传统认知里,“内部行政行为”在行政诉讼理论和司法实践中均被作为排斥公民(亦包含法人或其他组织的指代,若无专门交代,则下同)请求救济的道具概念,并扮演着重要的角色。若寻找它的规范依据,我们更是不自觉地将1989年《行政诉讼法》第12条第3项的规定作为其注解。[①] 值得肯认的是,“内部行政行为”这一学理性概念的拟制对于行政管理职能的发挥、司法谦抑理念的坚守起到了至关重要的作用。但是,不能忽视的是,“内部行政行为”这一概念定义的模棱两可性以及相对性等特征,使人们在使用该概念时“经常从一种含义迅速且错误地转到另一种含义,有时该术语被人们在如此‘融混’的意义上使用以至于不能传达任何确定的意义”[②],继而导致司法实践中一些表面上似乎是内部行政行为而实质却是与之相对的、可诉的外部行政行为排除在法院的受案范围之外。

理念被限制、固定在专业法学理论中,而合法权益被侵犯的情形多种多样,二者之间的关系冲突所导致的纠纷已经逐渐展现在我们的视野当中。以实现秩序和正义为使命的法院也要通过自己的具体活动予以清晰回应。这让我们的研究视野不能再仅仅停留于“纸面法”,而应将其扩展至“行动中的法”,我们的研究旨趣似乎也应“从实体规范转向程序和过程,从法典转向审

---

① 现为《行政诉讼法》第13条,即“人民法院不受理公民、法人或者其他组织对下列事项提起的诉讼:……(三)行政机关对行政机关工作人员的奖惩、任免等决定;……”。

② [美]W. N. 赫菲尔德:《司法推理中应用的基本法律概念》(上),陈瑞洪译,载《环球法律评论》2007年第3期。

判，从表达转向实践，从大传统转向小传统，从意识形态转向日常生活，从国家转向社会”[①]，关注法律实践和法律表达之间的契合或紧张关联。此为本研究的基本态度。

2.1　论题的引出与思维的展开

2.1.1　一种认识导向：诉诸案例实践

2.1.1.1　案件事实与裁判理由

2.1.1.1.1　案件事实的简述[②]

延安某建筑工程有限责任公司（以下简称延安某建筑公司）承建延安市子长县一村民安置建设工程项目，建设中购买塔式起重机（塔吊）一座，并将其安装口头承包给一支长期从事塔吊安装工作却未在建设厅签发资质证和上岗证的安装队伍。安装完毕后，延安市特种设备检验所对塔吊安装的检验结果为合格。2007 年 10 月 21 日 7 时许，塔吊因未达到足够的升起高度而发生了倾翻事件，造成 3 人死亡，2 人受伤，直接经济损失达到 431,415.2 元。紧接着，由多个部门组成的事故调查组对事故进行了调查并出具了事故分析报告，认为需通过司法鉴定手段来确定塔吊是否具有质量问题。而后，延安某建筑公司就塔吊的产品质量问题向事故调查组申请司法鉴定。事故调查组认为事故的起因已经很明朗，不需要再进行技术鉴定。2007 年 12 月 5 日，事故调查组作出调查报告，认为该事故是一起安全生产责任事故，直接原因是塔吊安装队没有安装资质，并按照《生产安全事故报告和调查处理条例》的规定，报请延安市人民政府批复。2008 年 1 月 10 日，延安市安全生产监督管理局作出了延市安监发〔2008〕16 号《关于子长县 “10 · 21” 建筑工地塔式起重机倒塌事故调

① 梁治平：《法律史的视界：方法、旨趣与范式》，载《中国文化》2002 年第 1 期。

② 参见“延安某建筑公司批复案”，载中华人民共和国最高人民法院行政审判庭编：《中国行政审判指导案例》（第 1 卷），中国法制出版社 2010 年版，第 1 页以下。《中国行政审判指导案例》是最高人民法院行政审判庭编辑的工作指导用书，“本刊所载案例具有示范和指导意义，供全国法院行政审判人员参考，以提高行政审判人员的办案能力和水平，推动行政审判工作规范化建设”。这种意义也是笔者选择此案例做关键个案的原因所在。

查报告的批复》(以下简称〔2008〕16 号《批复》)。〔2008〕16 号《批复》同意事故调查报告中对事故原因的分析、事故性质和事故责任的认定。后子长县监察局将〔2008〕16 号《批复》内容告知被上诉人延安某建筑公司,并向延安某建筑公司送达了〔2008〕16 号《批复》的复印件。

因不服〔2008〕16 号《批复》内容,延安某建筑公司经过行政复议后,遂向延安市中级人民法院提起诉讼。延安市中级人民法院判决撤销延安市安全生产监督管理局〔2008〕16 号《批复》中对事故原因的分析、事故性质和事故责任的认定。一审宣判后,延安市安全生产监督管理局不服,以〔2008〕16 号《批复》属内部行政行为,不属行政诉讼受案范围、被诉〔2008〕16 号《批复》合法为由,向陕西省高级人民法院提起上诉。陕西省高级人民法院后作出维持原判的终审判决。

2.1.1.1.2　裁判理由的表达

陕西省高级人民法院作成(2009)陕行终字第 28 号行政判决,其判决理由甚长,摘录如下:

> 陕西省高级人民法院认为,被诉延市安监发〔2008〕16 号《关于子长县"10·21"建筑工地塔式起重机倒塌事故调查报告的批复》虽未由上诉人延安市安监局正式给延安某建筑公司送达,但作为事故调查成员单位之一的子长县监察局将批复作为谈话内容告知被上诉人延安某建筑公司,并送达了复印件,已将批复的内容外化,而该批复中将延安某建筑公司列为责任单位,并要求给予处罚,为被上诉人设定了一定的义务,该批复与被上诉人有利害关系,且陕西省安全生产监督管理局复议决定亦告知延安某建筑公司可以提起行政诉讼,所以一审法院受理被上诉人延安某建筑公司的起诉正确,上诉人延安市安监局称该批复属内部批复,不对被上诉人延安某建筑公司产生法律效力,本案不属人民法院受案范围的上诉理由不能成立。

2.1.1.2　争点归纳与定性分歧

通过对案件事实的整理及审理经过的简述可知,该案争议焦点主要是作为内部行政行为的〔2008〕16 号《批复》是否具有可诉性及〔2008〕16 号《批复》是否合法的问题。囿于研究旨趣，对于前述的两个不同层面的争点，本研究的讨论将以第一个争点——〔2008〕16 号《批复》是否具有可诉性为中心展开。

对于该争点，本研究不直接进行分析评论，而是以陕西省高级人民法院（2009）陕行终字第 28 号判决作为讨论基础。该判决最令人玩味的是判决理由中提及的“……批复属内部批复……不属于人民法院受案范围的上诉理由不能成立”以及相关原因“……将批复作为谈话内容告知被上诉人……并送达了复印件，已将批复的内容外化，而该批复……为被上诉人设定了一定的义务……与被上诉人有利害关系……”这样的理由表达模式似乎隐含“有利害关系即等于救济依据”之说理模式，而不同于以往对于立法亦步亦趋、对行政半推半就的立场。若延续此暧昧说理模式，可以大胆推导出法院认为行政诉讼受案范围不必然限于《行政诉讼法》所列举的事项或类型。若公民完全可依“利害关系”请求救济，案件类型必然层出不穷。如公民以宪法上权利受侵害而欲救济但立法怠惰时，以受教育权为救济对象，或以程序性、准备性行为为争讼对象时，法院是否以寻求既有法律造法方式审判，或以立法怠惰公民无请求依据等诉讼要件不具备而驳回诉讼，或径行以与行为有“利害关系”进行救济。无论如何，法院终究都要面对仅有“利害关系”发生作为论证基础所带来的考验。

现回归案件争点，从系争行为定性着眼。根据《生产安全事故报告和调查处理条例》关于“事故调查”与“事故处理”的规定①，在事故处理过程中，〔2008〕16 号《批复》是处理事故程序中的必要环节之一，主要是对调查组事故调查报告中所作的事故原因、事故性质和事故责任认定等的态度表示，为有关

---

① 《生产安全事故报告和调查处理条例》中与本研究论证最为直接相关的两个条款如下：

第 19 条规定，……重大事故、较大事故、一般事故分别由事故发生地省级人民政府、设区的市级人民政府、县级人民政府负责调查……政府可以直接组织事故调查组进行调查，也可以授权或者委托有关部门组织事故调查组进行调查……

第 32 条规定，重大事故、较大事故、一般事故，负责事故调查的人民政府应当自收到事故调查报告之日起 15 日内做出批复……有关机关应当按照人民政府的批复，依照法律、行政法规规定的权限和程序，对事故发生单位和有关人员进行行政处罚，对负有事故责任的国家工作人员进行处分……

机关对事故责任人的进一步处罚提供依据。

关于本案中〔2008〕16 号《批复》的性质，陕西省高级人民法院的判决中只有“认为批复属内部批复……不属人民法院受案范围的上诉理由不能成立”的“描述性结论”，以及“告知……并送达了复印件，已将批复的内容外化”的“抽象性事实”，不仅对〔2008〕16 号《批复》的确定性付之阙如，还对何谓“外化”未见着墨，即对适用“利害关系”受影响而纳入行政诉讼受案范围的行为所应具备的“性质”等要件与根据没有作出解释。根据《行政诉讼法》第 2 条与《行诉解释》第 1 条的规定，能纳入行政诉讼受案范围的行为至少应满足“行政行为”的要件。同时，为让此条款更易适用于实务上，《行诉解释》又在其第 1 条第 2 款中列举了“排除”事项，并在其第 2 款第 10 项“对公民、法人或者其他组织权利义务不产生实际影响的行为”的抽象性概括予以了说明。因而，定性要件的厘清、受理依据的符合应是司法审查所必要之步骤。

若单从形式上看，批复自应属内部行为，且依传统见解亦不具可诉性，对这一初步判断应少有疑问。然而在本案中，虽然延安市中级人民法院对其扩大范围受理的依据的论证与陕西省高级人民法院之前的说法是一致的，但二者作出的选择却是刚好相反的。从笔者之前整理的群组案例看，类似判决不在少数。该类判决都以简略的语言描述争议行为有无对公民的权益造成某种程度的影响，这点的认定几乎成了纳入行政诉讼受案范围的“实质”要件，而影响如何发生则是简略为“告知”或“送达”，因此实务中就发生了“欲受理就言之产生法律效果，不受理就称为无产生法律效果”的怪现象。

对于本案的该争点，我们通过最高人民法院的态度予以进一步明晰应具相当价值。最高人民法院将本案选用为指导案例，可见其对本案典型性与代表性的认同。当然，更具权威性的观点体现在最高人民法院对本案所作出的【裁判要旨】中：

【裁判要旨】按照《行政诉讼法》的规定，作为内部行政行为的批复不可诉，但内部行政行为通过行政机关的职权行为外化后，可以纳入行政诉讼的受案范围。

由此可见,最高人民法院先把〔2008〕16 号《批复》的性质认定为“内部行政行为”,再以经职权行为“外化”作为扩张受理的依据,进一步拓展了在司法推理方面的思维逻辑,把内部行政行为纳入了行政诉讼的受案范围。最高人民法院的上述做法使内部行政行为被诉风险隔绝的功能被打破,积极主动地回应了公民的权利救济诉求,实现了发展行政法的功能。[①] 但一个不容遮蔽的问题是,“内部行政行为”的外延有多大,其扩张受理的依据——“外化”为何意,则缺少进一步的分析。

2.1.2 可诉性之谜:“外(部)化”依据的引入

对于以上对本案的基本事实与判决思路论证过程的阐释,能否在内部行政行为可诉性的问题上获知如下结论,即内部行政行为一旦“外化”,相对人即可提起诉讼,法院就应受理审查的问题,我们必须要不厌其烦地转回上述判决理由,尤其是最高人民法院所拟定的裁判要旨。这样做的主要目的是借由重新梳理法院对于类似判决的论述脉络,再剖析法院的思考体系并将其作为本研究的出发点,这样的脉络思考分析并非无的放矢,而是源自本研究的观察。本段将其分两层次进行论证:

第一,行政诉讼审查对象的行为性质判断。最高人民法院裁判要旨清晰地指出,“按照《行政诉讼法》的规定,作为内部行政行为的批复不可诉”,不仅对〔2008〕16 号《批复》的性质作出认定,还直接表明对其司法审查的态度。这对类似实务争议所探讨的争点——争议行为的性质作出决断,而使本研究观察的前提班班可考。这就要求笔者继续思考的第一步便是对于内部行政行为的关联。

第二,引入扩张受理内部行政行为的依据。接上述,最高人民法院裁判要旨的笔锋一转,“但内部行政行为通过行政机关的职权行为外化后,则可以纳入行政诉讼的受案范围”。由此可见,最高人民法院所持态度逆转,并采用一

① 参见余凌云:《法院如何发展行政法》,载《中国社会科学》2008 年第 1 期。

个抽象性的概念——“外化”作为受理依据的引入，使本案要旨充满了发展理念。但不得不忧虑的是，这对行政诉讼受案范围造成的冲击及所引发的“蝴蝶效应”，甚至该裁判要旨本身所持的行政诉讼范围扩张判断标准都可能一并受波及。最高人民法院对此知悉与否本研究不敢妄自揣测，但将于后一并说明，并试着提出本研究之浅见而有所因应。

这里最大的疑虑在于“外（部）化”的运用——修辞描述或是判断标准？

最高人民法院的裁判要旨虽使用“外化”一词，但“外化”的概念并非法制用语，而是法官在司法实务中所创的。因此，若要掌握此一概念的内涵与法治上的意义，非从司法实务的判决着手不可。笔者在所考察的 31 个案例中尝试以“外化”或“外部化”等用语或类似概念再次检索案例，发现共有 10 个案例出现类似用语（见表 2）。

表 2　使用“外化”等类似用语的经典案例

案　　由	案　号	类似用语	备注
宋某全不服泸州市公路运输管理处收回营运线路牌照案	具体不详（[法宝引证码] CLI. C. 26502 ）	对该通知的告知与执行，该通知行为已经外化……必然影响到……经营权	二审使用
万宁市人民政府等与海南某环保实业有限公司土地行政征用及行政赔偿纠纷上诉案	（2007）琼行终字第 100 号	由于已送达给原告，内部行政行为已转为外部化	两审皆用
延安某建筑工程有限责任公司诉陕西省延安市安全生产监督管理局生产责任事故批复案	（2009）陕行终字第 28 号	送达了复印件，已将批复的内容外化……设定了一定的义务	二审使用
富宁某煤业有限责任公司与富宁县人民政府其他行政行为及行政赔偿纠纷上诉案	（2011）云高行终字第 83 号	没有直接下发……并不直接产生法律上的权利义务关系……应当属于没有外化的内部行政行为	一审使用
新安县人民政府诉新安县某化工有限公司行政决定案	（2011）洛行终字第 14 号	实施……行为，该内部行政行为内容外化……权利义务产生了实际影响	二审使用

续表

案　由	案　号	类似用语	备注
魏某高、陈某志诉来安县人民政府收回土地使用权批复案	（2012）皖行终字第14号	作出批复后，没有制作并送达对外发生效力的法律文书，即直接实施……行为，对原告的权利义务产生了实际影响……该批复已实际执行并外化为对外发生法律效力的具体行政行为	再审使用
河南某商贸有限公司与国家工商行政管理总局商标局行政批复纠纷案	（2013）行提字第2号	如果内部批复已经外化，当事人认为该行政行为对其权利造成了实质性影响，其可以通过行政诉讼获得救济……该批复已公开，客观上对行政相对人的利益产生直接影响	再审使用
罗某会诉再审被申请人重庆市人民政府土地征收行政复议案	（2014）行提字第31号	相关内容往往已按照《土地管理法》规定的征地公告程序公之于众，产生了外化效果……	再审使用
无锡市某家具厂、无锡市某家具城诉江苏省无锡市北塘区人民政府其他行政行为案	（2017）最高法行申4211号	行政机关之间基于行政法律关系作出的内部行政行为并未产生外化效果……对于合法权益明显不产生实际影响	一审、二审、再审使用
黄某诉江苏省南京市建邺区人民政府、江苏省南京市建邺区城市管理行政执法局房屋拆除行政强制案	（2018）最高法行申4119号	内部核准指令活动，过程性、阶段性的行政活动……不对实体合法权益产生直接影响……在本案中未提供证据证明“责成”行为直接产生了外化效果	再审使用

在这10个案例中，“魏某高、陈某志诉来安县人民政府收回土地使用权批复案”作为最高人民法院指导案例，论证逻辑清晰，说理充分。此案的判决说

理部分以“外部化”的思维脉络展开推理论证，将内部行政行为纳入了行政诉讼的受案范围，是“外(部)化”运用的典型代表。其具体论证逻辑大致如下：首先，对行为形式的个别要素下定义，分析存在样态及作成方式。本案中的批复作为国有土地使用权收回程序的关键步骤，即来安县人民政府就县国土资源管理部门的请示事项所作的答复，为县国土资源管理部门进一步作出行政决定提供了依据。从形式上看，本案中的批复的行为主体均是行政机关，其性质当属内部行政行为。其次，在确定要素后与制度效果做联结，即为何种形式控制的法律效果所拘束。如果是上级行政机关对下级行政机关内部行政行为的批复，则由于没有向行政相对人送达，对相对人的权利义务暂时没有产生实际影响，法律效果仅局限于行政组织体内部，通常不可诉。但本案中，来安县人民政府作出批复后，来安县国土资源管理部门在既没有制作又没有将对外发生效力的法律文书送达给行政相对人的情况下，就直接将批复推进实施，对行政相对人的权利义务产生了实际影响，法律效果“外溢”。最后，根据行为法律效果选定监督方式或司法审查的判断标准。本案中的批复已实际执行并对外发生法律效力，此时其法律效果已从内部效果转变为了外部效果，对行政相对人的合法权益产生了影响，①属于内部行政行为的“外部化”。批复属于内部行政行为本不可诉，但此时该批复已嬗变为(具体)行政行为，符合行政诉讼审查对象——行政行为之要件，相对人可提起诉讼，法院亦应受理。

由此可见，无论是否纳入行政诉讼受案范围，并非每个涉及内部行政行为诉讼的案件，法院都会使用“外(部)化”这个概念。当然，法院实际上可能运用相似的方法来操作。但本研究在此主要是要探究法院是否严肃地、明晰地采用“外(部)化”这个概念，所以暂将这10个案例作为观察对象。

在这10个案例中，其判决理由部分是否对“外(部)化”作出了直接阐释呢？答案显然是否定的。但他们用以说明“外(部)化”的原因却十分相似，“直接下发”“实施行为”“告知与执行”“送达”，由此似乎可以得知“外(部)

① 参见章剑生：《现代行政法基本理论》，法律出版社2008年版，第124页。

化”是对相对人知晓这一争议行为内容的概括。再继续研读法院使用“外(部)化”后的递进表述——“对权利义务产生了实际影响”“影响到权利”“设定了义务”等,是否可以由此推断“外化”应该内含一定的构成要素或判断标准呢?

总之,一系列的发现衍生出了如下问题:

第一,法院应当如何对“内部行政行为”这一概念进行界定?是否任何“内部行政行为”皆可外化?

第二,什么叫作“外(部)化”?其构成要素是什么?体系化的标准如何建立?

第三,“外(部)化”理论在个案中的抽象思考模式与具体适用层次如何进行?又有哪些法理上与制度上的注意事项?

以上问题的探讨与回应,对于扩张受理的依据——“外(部)化”——作为一项体现司法政策属性的实践安排走向成熟领域,是不可或缺的。对于目前的司法实践乃至于未来的制度设计而言,以上问题无疑也是一个迫切需要解决的现实问题和理论问题。

2.2 内部行政行为的关联

2.2.1 内部行政行为的虚拟与实际

2.2.1.1 内部行政行为概念的拟制与价值

概念是科学研究的起点,对于社会科学的研究离不开概念的运用。“研究任何制度或任何法律,都不可忽略其结构背后的概念,否则是无法了解那些制度或法律的,至多只知其然而不知其所以然。”①

为揭示上述问题的讨论及法院裁判的分析,从“内部行政行为”的概念切入理应是最直接的路径。要言之,先解析“内部行政行为”的概念要素,再对系争行为是否符合内部行政行为的要件要素进行分析,最后作成是否为“外部

---

① 瞿同祖:《中国法律与中国社会》,中华书局2003年版,第1页。

化”理论适用的前提论断。

“内部行政行为”仅是学者们从《行政诉讼法》第 13 条第 3 项的规定中提炼出的一个学理概念,并非严格意义上的法律概念。最早将行政行为以内部行政行为与外部行政行为的方式作出分类的理论是德国的一般权力关系理论。国内的行政法学者在接触到一般权力关系理论后将其引入了国内,而后此分类才逐渐被熟知并被认可。但是,内部行政行为仍不是一个独立的概念,它是相对于外部行政行为而言的。我国主要基于身份上的隶属关系或机关间的上下级关系来划分内部行政行为与外部行政行为。内部行政行为指的是在行政机关系统内部,由上级领导或上级行政机关对行政机关内部工作人员或下级行政机关实施的行政行为。此类行政行为并非都是内部行政行为,当行为的法律效果外部化,对行政系统外部的行政相对人的权利义务产生实际影响时,需要分析该行为是否属于外部行政行为。

对内部行政行为内涵的界定亦是百家争鸣、难有统一。例如,胡建淼教授认为,内部行政行为是基于行为的效力范围对行政行为所作划分的一类,是与外部行政行为相对的概念,具体含义指的是行政主体即行政机关代表国家,对隶属于行政主体的财务、组织及人员的一种管理。[①] 还有学者认为,内部行政行为是指行政机关作用于内部、作用于行政机关之间或与其有隶属关系的行政工作人员的行政行为,是外部行政行为的对称。[②] 该学理概念的拟制,依笔者的观察,多是行政行为类型化思维的产物,属于功能性理论,“最重要的目的是管理并安排行政系统内部的关系,与行政法本身管理并安排行政机关与行政相对人的法律关系在性质上具有较大的差异”[③]。与前述将内部行政行为视为行政行为之一类的观点不同,有学者认为内部行政行为并非行政行为,而是与其并列的一类行为形式,如杨建顺教授将其称之为“内部行为”,指行政机关对其所属机构及工作人员实施的不直接涉及行政相对人权益的有关组织、

---

① 参见胡建淼:《行政法学》,法律出版社 2015 年版,第 175 页。

② 参见罗豪才、应松年:《行政诉讼法学》,中国政法大学出版社 1990 年版,第 115 页。

③ 章剑生:《现代行政法基本理论》,法律出版社 2008 年版,第 124 页。

指挥、协调、监督等行为。[①] 这就引发了学界对于行政行为与内部行为之间的关系的观点碰撞。有学者认为内部行为属于行政行为的分支类别，有学者否定这种包含与被包含的关系，并各自寻找不同理由。在最高人民法院22号指导案例中，最高人民法院采取的是内部行政行为界定狭义说，此学说依据行政行为的性质将内部行政行为分为两类：一类属于人事性质的内部行政行为，比如行政机关内部对所属工作人员的调动、工资、福利待遇、奖惩、任免及定期考核等；另外一类属于工作性质的内部行政行为，比如行政机关领导对其所属机关工作人员或者上级行政机关对下级行政机关的工作上的指示、批准、命令及批复，同时包括行政机关系统内的工作安排、制度、计划等。[②] 该指导案例当中提到的内部行政行为是地方人民政府对其所属行政管理部门的请示作出的批复，属于上述分类中的第二类，即工作性质的内部行政行为。虽然不同的学者对于内部行政行为的性质与分类存有不同的观点，但对于这个概念的表述却无实质差别，只是一些简单词语的互换或替代，这说明争执的根源不在于内部行政行为的内涵与外延，而是源于对"行政行为"概念理解的分歧。笔者虽不能对行政行为下定义，但根据《行诉解释》第1条第1款的规定，行政诉讼的审查对象是"行政行为"，而内部行政行为中的"行政机关作出的不产生外部法律效力的行为"被排除在受案范围之外。这一规定使得对"是否产生外部效力"的认定变得非常必要。

内部行政行为被看作行政行为的一种类型，其只有具备其他行政行为无法达成的功能，才具有实益与价值。根据内部行政行为被划出行政行为的标准，前者主要扮演了一种行政行为"被诉的风险隔绝"的角色。因为依据传统的行政法理论，"纯粹的内部行政行为对外部行政相对人没有法律上的权利义务影响，不宜纳入现代行政法规范的对象"[③]。它的得失，采取承担内部法律责任的方式加以解决。从各国的实践来看，内部行政行为原则上是不必接受

---

① 参见杨建顺：《行政规制与权利保障》，中国人民大学出版社2007年版，第293页。

② 参见胡美静：《内部行政行为的可诉性分析》，中国政法大学2010年硕士学位论文，第15页。

③ 章剑生：《现代行政法基本理论》，法律出版社2008年版，第124页。

司法审查的，当违法或不当行为出现时，行政机关内部系统的自我救济是最重要的解决手段。我国的《行政诉讼法》与2023年新修订的《行政复议法》也同样体现了这一精神。[①]

就法效力而言，由于内部行政行为不能直接对外部相对人产生法律效果，其在现行法秩序中的定位有所不同。一般而言，无外部法效果的内部行政行为对行政法的一般原理、原则以及具体规定原则上并无适用的余地，如行政处分行为的作成，不需依循构成要件该当、违法性以及有责性的三阶段判断模式操作。由于各内部行政行为所拟达成的行政目的各异，所规范的个别专法内涵差异亦甚大，行政处分行为所应遵循的规制原则与作成的要件难有通案性的共同特征。

除上述行政法的适用方式与程度的差异之外，内部行政行为的拟定还涉及授权明确性的要求程度高低问题。申言之，内部行政行为通常不对行政系统内部以外的行政相对人的自由与权利产生限制的效果，这也是无法律保留原则适用的原因。同样，若以法律授权的法规命令作为法规范依据，授权明确性的要求应远低于外部行政行为的要求。因此，从授权明确性原则的制度逻辑与操作实务出发，拟定内部行政行为的概念在授权明确性程度的判断上有很大意义。

2.2.1.2 内部行政行为概念的困惑与泛滥

内部行政行为拥有“被诉的风险隔绝”这一特殊功能及其在法秩序中的定位不同，此在行政管理领域中极富意义。这些功能的达成必然需要对内、外行政行为作出明确的划分。然而，就目前的理论与实践来看，内部行政行为的基本概念与外延尚不明确，其与外部行政行为的划分也是标准林立。这种拟制与划分为实践操作带来一定的便利性的同时，还带来了很多困惑。正如有学

---

① 《行政诉讼法》中最常引用的条文即本研究中多次提及的第13条第3项；新修订的《行政复议法》第12条第（三）项和《行政诉讼法》第13条第（三）项规定一致；而原《行政复议法》第8条第1款更是明确规定：“不服行政机关作出的行政处分或者其他人事处理决定的，依照有关法律、行政法规的规定提出申诉。”

者所言的那样，“何为外部、何为内部，并不是一个能够截然区分的问题。在很大程度上，它的界限取决于人们对行政关系背后的社会现象的认识”①。

制度上，《行政诉讼法》只是为了确定行政诉讼的受案范围才规定了哪些内部行政行为不属于行政诉讼受案范围之行政行为。这种列举性描述并没有为内部行政行为设定一定的判准，也不具有一般性区分内、外部行政行为的制度价值。最关键的是，《行政诉讼法》第 13 条第 3 项仅指行政机关的内部人事管理行为，并未涵摄内部行政行为的其他类型，有必要分类讨论。

学理上，虽然大多学者接受内部行政行为属于行政行为的子类的观点，但对行政行为依何种标准划分为内、外部行政行为仍存有困惑。划分标准概括起来主要有以作用对象为标准、以隶属关系为标准、以行政对象及对象所处法律地位为标准、以效力范围为标准、以隶属关系加职务关系为标准、以该行为针对事务的性质为划分标准、以适用法律为标准等。②

正是由于上述困惑，利用内部行政行为贡献的隐患得以滋生，为确立受案范围且协助其分类的不当动机得以泛滥，规避行政行为作为外部行政行为的疑窦得以丛生。

由于内部行政行为有避免行政诉讼风险的实益，当发生争议时，对于行为性质的判断就显得相当重要。例如，在某些情形下，行政行为的准备行为或行政先行行为，或者上级对下级的批准或同意等协助行为，究竟属于认知表示还是内部行政行为，抑或外部行政行为。对此，学说认为未可一概而论，应以其是否已直接发生法律效果为准。比如，吴庚曾提出行政处分与观念通知之标准：(1)不拘泥于公文书所使用之文字，而应探求行政机关主观意思之真意，纵该公文书载明不具处分之性质或不得提起诉等字样，均不影响是否为行政处分之认定。(2)以是否有后续处置为断，若有，则前行为属意思通知或观念通知；若无后续处置，即应为行政处分，使当事人有提起争讼之机会。(3)就表意

---

① 何海波：《行政诉讼法》(第 2 版)，法律出版社 2016 年版，第 150 页。

② 参见杨海坤、陈迎：《国内行政行为分类研究述评》，载《黑龙江社会科学》2000 年第 3 期。

行为究为行政处分抑或观念通知发生争议时，此一争议之本身即得为行政争讼之标的。①

早期实务上也有仅从形式以断行为性质的案例，如表 1 中的第 13 号案例"富宁某煤业有限责任公司与富宁县人民政府其他行政行为及行政赔偿纠纷上诉案"，法院认为，"《实施方案》虽然是关于关闭上诉人煤矿相关事宜而制定的，但其下发对象为富宁县人民政府的下一级人民政府新华镇人民政府及其直属相关部门等，并未直接下发给上诉人，系行政机关内部行文形成的文件，对某煤业公司并不直接产生法律上的权利义务关系，并不是针对特定的某煤业公司作出的具有行政约束力的具体行政行为，仅属于内部分工的文件。因此该《实施方案》不具有可诉性"。即便如此，本案中的富宁县人民政府以内部行为之方式形成《实施方案》的行为，仍不禁令人怀疑其是否有规避其行为归属外部行政行为，使其无法作为诉讼标的之嫌，这也是目前我国行政机关的通病。②

2.2.2 规范的认识歧义与实践不一

2.2.2.1 对《行政诉讼法》第 13 条第 3 项规定的解说

如前所述，内部行政行为这一学理概念是对《行政诉讼法》第 13 条第 3 项的提炼归纳，因此为了明晰概念的内涵及摆脱拟制的困惑，我们有必要对该条规定进行深入解读。

为了理解便利起见，笔者现将《行政诉讼法》第 13 条第 3 项条文选择性摘录如下："人民法院不受理公民、法人或者其他组织对下列事项提起的诉讼：……（三）行政机关对行政机关工作人员的奖惩、任免等决定；……"

与此同时，《行诉解释》第 2 条第 3 款对该条作出的注解如下："行政诉讼法第十三条第三项规定的'对行政机关工作人员的奖惩、任免等决定'，是指行

---

① 参见吴庚：《行政法之理论与实用》，台北，三民书局 2000 年版，第 315 页。

② 从笔者整理的案例中可以看出，行政机关常见使用内部行政行为的外形，于有意或无意之间回避法效性问题，此亦是造成实务上区别内部行政行为与外部行政行为困难之所在。

政机关作出的涉及行政机关工作人员公务员权利义务的决定。”

从理论层面来看，立法意旨在于明确内部法律关系不属于《行政诉讼法》的调整对象。在行政法律关系中，可以将双方当事人的关系分为内部关系与外部关系。此分类的依据在于双方当事人行为之间的相互关系，双方当事人是上下级的从属关系即是内部行政法律关系。在内部行政法律关系中，“行政机关作出的涉及该行政机关公务员权利义务的决定”，属于内部人事管理行为。这类行为针对的是行政机关的工作人员，此种内部人事管理行为的类型要求——奖惩、任免等，即内部法律关系的主体要求——要求为行政机关工作人员。基于法律优越与法律保留的要求，涉及公民权利义务的事项必须建立若干法律明文依据。由于此项法律规定将涉及权利义务的对象仅限制为公务员，不具有公务员身份的公民即不受该条的限制。此种文义解释下的理解方符合法律明确性的要求。

法条文义所可能指向与涉及的范围往往有待其他解释方式，尤其是体系解释作进一步的界定。体系解释方法主要是以系争规范所涉及的法体系的统一性为出发点，对法体系中的系争条文作整体性的定位与理解，而不是对个别条文的独立、断裂性掌握。正因如此，在法体系中认识掌握法条文义时，文义范围往往缩减。须注意的是，体系解释所涉及的“法体系”并不限于系争条文所在的整部法律，还包括该法律所属之法领域整体，甚至法体系整体。[①] 因此，对《行政诉讼法》第 13 条第 3 项采法体系解释以论断其规范范围时，除了《行政诉讼法》整体规定外，还应包括行政法体系在内。依此，单从文义解释来看，该条文描述的行政指向对象“工作人员”一词最大可能的文义范围便是《公务员法》所指称的公务人员。《行诉解释》第 1 条第 1 款“公民、法人或者其他组织对行政机关及其工作人员的行政行为不服，依法提起诉讼的，属于人民法院行政诉讼的受案范围”的规定从正面概括性地规定了行政诉讼的受案范围及其提起诉讼的主体——公民、法人或者其他组织。综上，就主体而言，《行政诉

---

① 参见[德]卡尔・拉伦茨：《法学方法论》，陈爱娥译，台北，五南图书出版公司 1996 年版，第 305 页。

讼法》第13条第3项规定的行为对象只能是具有公务员身份的工作人员，而不包括一般的公民、法人或其他组织。

与此同时，《行政诉讼法》第13条第3项中还出现了概括条款中常见的用语“等”。该“等”字意义究竟为何，学界对此曾发生争议。其可能为：第一，概括用语，即除前述所指事项外，尚有其他事项；第二，停顿语气，即为句点的表示方式。对文中出现的“等”字的具体理解应与前述所列事项具有相同重要规范性质。最高人民法院在对该字进行释义时指出，“此处‘等’字属于等外等，是一种不穷尽列举。而对于排除在‘等’字之外的内容，应当为包含福利待遇、住房分配、工资等行政机关内部的人事管理行为”[①]。据此，该条中的“等”字应为概括用语。但是行为的种类也不是无限扩张的，应属行政机关给予所属人员的警告（纪律处分）、记过、降薪、撤职、留用察看、开除等纪律处分以及停职检查或者任免等措施。

结合上述分析，如果以此规定为据，内部行政行为当然被明确排除在行政诉讼受案范围之外，自无“外部化”的可能，否则即是对法律的无视与超越。但从笔者整理的司法案例来看，对该抽象规范的认识显然不是如结论那般那么简单绝对的，其间包含着认识上的分歧与实践不一。

2.2.2.2 语意混淆与司法实践的错位比较

从笔者整理的案例即可窥见，批复类行政诉讼案件在司法实践中已从无发展到有、从少发展到多，其争讼的对象与传统意义上行政机关的行政行为之间的区别是，其争诉的对象一般为下级行政机关将申请、请示、报告等向上传达至上级行政机关，上级行政机关对下级行政机关的批复、指示、命令，同级行政机关之间的公函、通知、建议、意见甚至会议纪要等，这类行为在法院尤其是最高人民法院被称为“内部行政行为”。这种称谓显然与上述对规定的分析不符。由此也就不难发现，《行政诉讼法》第13条第3项规定的行为只是内部行

---

① 最高人民法院行政审判庭编：《〈关于执行《中华人民共和国行政诉讼法》若干问题的解释〉释义》，中国城市出版社2000年版，第7页。

政行为的一部分或一类别，内部行政行为的拟制与“内部行政行为不可诉”的论断对于廓清行政诉讼受案范围并无绝对助益，甚至会在逻辑与结果上带来误导。内部行政行为是否可诉还需依具体个案先对行为的性质与类型作出前提性判断，若属于《行政诉讼法》第 13 条第 3 项情形的内部行政行为；则不可诉；若与这类情形有别，基于司法先例与裁判权及整个行政诉讼制度而言，毫无疑问应成为人民法院司法审查的对象。由此可见，上节最后的结论与司法实践的错位是“内部行政行为”这一虚拟概念的语意混淆所造成的。

再讨论一个问题，本属内部行文的行为为何会延伸至外部？

行政管理学通论认为，行文“内外有别”，意指行文需要区分对外行文和对内行文。[①] 但在现实中，由于我国没有专门针对内部行文的文种使用规定，管理中无视行文的对内对外之分和对内行文文种使用杂乱的情况普遍存在。无论是文种、格式，还是行文规则、行文程序，都以《党政机关公文处理工作条例》的规定为标准，[②]使实际部门面对内外有别的公务活动或为达到目的明知故犯地采用内外不分的不规范做法，并导致行文的效力跳出了机关内部的“大门”，而涉及“外部”公民的合法权益。

总之，对于内部行政行为的司法审查态度和制度规定与司法实务未完全一致，纳入审查的明文标准也无清晰地肯定、认识或阐释的情况，不可以此下“内部行政行为可诉或不可诉”的论断。内部行政行为是法学概念上的操作，在面对不同案件事实时，其审查上的顺序与标准关系即为行政司法审查“外化”标准的操作。进言之，实务上针对内部行政行为的诉请与实践或未意识到建立审查标准的必要性，抑或未形成稳定且具操作性的审查标准，但这并不能说该标准的体系化并未在司法实务的程序中运作；相反，其恰恰说明该标准及

---

① 所谓对内行文，是指机关单位及其内设机构对本系统或本机关部门、单位的行文。从广义上理解，同一系统内社会组织之间的行文都可称为对内行文，包括上行文、平行文和下行文。

② 例如，根据《党政机关公文处理工作条例》第 8 条的规定，“通知”适用于发布、传达要求下级机关执行和有关单位周知或者执行的事项，批转、转发公文；“批复”适用于答复下级机关的请示事项；“函”适用于不相隶属机关之间商洽工作、询问和答复问题、请求批准和答复审批事项；“纪要”适用于记载会议主要情况和议定事项。

其体系化是有待挖掘并建立的。

2.2.3 本研究中内部行政行为概念的限定与阐释

2.2.3.1 内部行政行为概念的重新解读

如上所述,内部行政行为并非法制上的用语,而只是学理上的概念,且因为语意的混淆,司法实践中的错位现象时有发生。若无区分地使用内部行政行为这一概念,就会产生如发挥其"被诉风险隔绝"功能一般的在满足行政机关的管理需求的同时,公民的权益也可能遭受更大的威胁的问题。因为在一个不明确的概念之下,公民有可能毫不知情地遭受不利益,此与法治国家公民对于其所遭受之不利益应可预见、可救济的要求似有扞格抵牾。因此,对于这种仅是法学上虚拟的概念,应有重新厘定的必要。更有人认为,该虚拟的理论不仅有被利用的危险,还使法律关系变得更加的混沌,似乎已经到了该告别该理论的时刻了。①

不管是从方法论的角度还是从法理论证的观点,求解系争法律问题都不能盲目地直接单从"概念"出发,而毫无任何问题意识及行政法学上的实体观点。因此,对研究中的概念作出限定的比较务实的思维取向是,与其从概念到概念的辩论,不如把思考解答问题的线索与路径转向实务与制度的关联、交错与比对关系。只有执此要领,才能走出困惑,理顺掌握细部关键。

概念建构的第一个步骤是,从争议行为的复杂现实中抽取出个别要素,并分析其在行政关联性上的意义。因形式理论的法治效力,在此阶段为法律清晰性的要求。这对行政也有好处,可以借此强化行为的合理性与可接受性。此处所指的行为,原则上是指被纳入观察的行政组织体内部不同机关之间行文的行为。而归整理论的选择应是基于提供广大范围行政活动概观的可能。至今,在法律关系理论中,就法律效果有无始终扮演着关键角色这点而言,其

---

① 这方面的论点多集中在"公务员权利救济"的讨论部分,是针对《行政诉讼法》第13条第3项的规定及其理论基础"特别权力关系"的正当性问题所抛出的论断。

以法为中介所产生的效力，与事实行为所产生的效力不同，也因此较易受法的支配。概念构建的第二个步骤是为所撷取的行为片段分配法的要求与法律效果。这个联系点通常由法官、学者及立法者依适当性思想共同创作来进行——效果目的、效果方式与法的担保应该立于一个衡平关系。①

依循上述步骤，把思考的对象转回笔者收集到的案例上：第一步，以"内部行政行为"为关键词收集案例，依据数据库的设定选其中的 101 个作为观察对象，发现有 31 个案例具有初步的特点，②这些要素的具备使得争议行为引起法律关系的产生，行为效力的范围不再被限制在行政组织体内部，具有一定的法律效果，从而受到法的规制与支配。与《行政诉讼法》第 13 条第 3 项规定明显不同的是：这些案例中涉及的主体要素尤其是原告（相对人）的身份不是行政机关的工作人员，而是具备一般主体特征的公民；会出现至少两个行政机关，并且这两个行政机关之间因争议行为关联、互动；争议行为的内容也不是奖惩、任免等涉及公务员权利义务的决定，而是指向与一般公民的权利义务相关的事项。第二步，因利害关系人认为争议行为对其权益造成影响，遂向法院诉请审查该行为的合法性以寻求救济，法院依"外（部）化"对争议行为的适法性与法效果作出判断。

完成了建构步骤，本研究的基点——被法院称为"内部行政行为"的概念构成也随之依稀可辨：行为始于不同的行政机关内部互动之间、内容涉及一般公民（非公务员）的权利义务关系、法院介入审查行为的适法性。当然，必须注意的是，这并非"内部行政行为"概念的全部，仅是笔者根据观察对象而得出的"内部行政行为"的一类构成要素。因此，在本研究内，"内部行政行为"的概念依然无法也没必要作出周全的定义，且本研究中的该概念也是在此类构成下使用的，对此应该事先论述明白。但这也并不说明笔者的发现不足为道，相

① 参见［德］施密特・阿斯曼：《行政法总论作为秩序理念：行政法体系建构的基础与任务》，林明锵等译，台北，元照出版有限公司 2009 年版，第 325 页以下。

② 另外 25 个案例则与 1989 年《行政诉讼法》第 12 条第 3 项（或 2014 年《行政诉讼法》第 13 条第 3 项）的规定情形一致，并被法院依该条款而做出相应裁决，对于其间隐藏的问题，囿于研究旨趣，不作本研究考察对象。

反，这些描述性构成的抽取已能将“内部行政行为”的类别作出区分。

2.2.3.2　内部行政行为的独特表现

“抽象概念与类型之关系及其区别之重要性，已逐渐为多数学者所肯认，且有认为类型得作为解决抽象概念所导致体系封闭性问题之方法者。”[①]

内部行政行为的发生有两种情形，一种是行政效能与内部管理的需要，另一种是行政机关政策形成或具体意思决定作成过程的需要。若参考现有关于内部行政行为的分类通说，即对应于“人事管理关系”与“工作关系”。[②] 但笔者认为，“工作关系”的分类概括还不能表达本研究上述“概念重新解读”中抽取的概念构成，因而仅为便利而持保留地使用之。

根据上述抽取的概念构成，对内部行政行为本身分类及外部行政行为概念作出区隔：首先，行为始于不同的行政机关内部互动。这一构成的满足虽一般能让内、外部行政行为作出区隔，但依然需要注意的是此一要件的满足并不能让二者完全作出区分。正是这种“不足”，才使本研究的进一步研究更富意义。其次，内容涉及一般公民（非公务员）的权利义务关系。这也是本研究中最具关键性的要件构成，因为它能将内部行政行为自身作出完整区分，避免概念的混淆让研究变得模糊不清。最后，法院介入审查行为的适法性。这是将内部行政行为区分为两类后所应生的法评价样态，也是本研究的最后落脚点与意义价值所在。

依整理判决例所得，本研究中的“内部行政行为”在实践中通常表现为行政机关政策形成或具体意思决定作成过程中的行政机关间的签呈、文稿、函

---

① ［德］卡尔·拉伦茨：《法学方法论》，陈爱娥译，台北，五南图书出版公司 1996 年版，第 377 页以下。

② 内部行政行为是行政主体在内部行政活动中对行政组织内部及其工作人员作出的行政行为。通常包括两类：一类是上级行政机关或工作人员与下级行政机关或工作人员间的工作关系；另一类是行政机关与行政机关工作人员间的人事管理关系。参见应松年主编：《行政法与行政诉讼法学》，法律出版社 2009 年版，第 116 页。

件、会议讨论资料等,可概括为具体的个别决定与抽象的内部规则两部分。①

具体的个别决定是指单纯对特定的事项作出的在机关之间运作的处理意见。这类内部行为虽在国家行政体系内部进行,本不应对外直接发生拘束性,但也不表示其属法外的行为。换言之,各该行为都需本于法律,即使不严格遵守法律保留的原则,也仍应受法律优位精神的支配,况且某种要素的满足会促使其效果外溢,即行政机关内部一切行政行为不得违反法律。这类行为也是本研究的重中之重。

抽象的内部规则是指基于职权上执行法律的需要或行政管理上指挥监督权限,上下级机关或行政机关自身就行政内部组织、职务分配、作业流程、法令适用、行政裁量等组织性、程序性或事务性的事项,仅在行政体系内下达的一般性、抽象性规定。这种抽象性普遍规定属于行政自我事务的内部行政,其生效仅须“下达”而不须对外“发布”,常排除法律保留原则的适用,若产生纠纷,并不由法院处理。但在实务中,行政规则外部化的情形已渐趋增多,依据平等原则或行政自我拘束原则的应有之义,如何确保其适法性应有研究意义,且是一项庞大工程,笔者拟另撰文讨论之。

2.3 “外部化”之法理依据探讨

上文中提到“外部化”在法律实务中是作为扩张受理的依据存在的,由此引发的问题是“外部化”的理论渊源在哪里,是否是可预测的?对此,美国的内部行政法与《行政程序法》相关理论可以提供一些新思路。

① 与此不同的,何海波以“内部行政程序”为研究对象,并将其划分为三个部分:行政机关内部的承办、审核、决定制度,上下级行政机关之间的审查、批准、备案制度,外部专家的评议、评审、评定制度。参见何海波:《行政诉讼法》,法律出版社 2011 年版,第 354 页以下。若以此三部分为据,本研究中的内部行政行为即属以第二部分——上下级行政机关之间的审查、批准、备案制度而做出的行为。

2.3.1　美国主要相关理论简析[①]

在美国，最初，“内部行政法”的含义似乎较为直观，其仅作为发生在行政机构内部行政法律的一部分。然而，进一步思考，这种推动行政法内部化的举动并非如此简单，是什么决定了内部行政法在内容、来源、受众群体和适用范围等几个方面的巨大差异？决策可以代表内部行政法，因为它们管理一个机构内部的行动，源自机构内，针对的是机构内的受众或其中的某种组合。内部行政法的范围可以被限制为仅涉及一个机构的措施，也可以包括更广泛地适用于行政部门的要求。

尽管美国的《行政程序法》努力使各机构能够继续发展内部行政法，但美国法院制定的执行《行政程序法》的原则及其对独立司法审查原则的适用在很大程度上限制了《行政程序法》的内容和地位。这些司法理论使外部强制执行和程序无效成为机构的自律具有法律效力或明显约束力的一种功能。司法强制执行和无效宣告是对立的处理，但它们却产生了相似的结果。这些理论阻止机构制定旨在约束机构官员行使自由裁量权的规范，也不邀请法院对机构遵守这些规范进行监督。从这个意义上说，在外部执行之前，内部法律只是暂时存在的。如今，各机构经常在文件中掩盖其内部法律，否认有意制定具有约束力的规范。同时，由于司法理论把这些方式方法强加给了机构，中央执行官对机构的内部法施加了更多的要求，使美国现在的内部行政法包含了比以往更多的中央机构施加的规范。

随着美国《行政程序法》的颁行，美国国内产生了大量对内部行政法的累积性规定。从这些司法理论中可以看出，其开始区分需要注意和评论的规则和不需要注意和评论的规则。这一理论使机构面临着内部法律程序无效的前景。然后，我们转向其他触发内部法律外部执行的司法理论，包括对“致力于

---

① See Gillian E. Metzger & Kevin M. Stack, *Iinternal Administrative Law*, 115 Mich. L. Rev. 1239 (2017).

由法律作出的机构自由裁量权的决定”排除司法审查的《行政程序法》的司法建设，以及阿卡迪[①]学说。最后，我们转向中央行政部门的规章制度以及该制度对内部行政法产生的更普遍的影响。

2.3.1.1 美国《行政程序法》中的立法与非立法规则

如上所述，美国《行政程序法》豁免了几类通知和评论的规则，这些规则统称为非立法规则，包括美国《行政程序法》所称的解释规则、一般政策声明以及机构程序和管理规则。这些豁免意味着法院和机构必须区分属于通知、评论范围的规则（立法规则）和不属于通知、评论范围的规则（非立法规则）。

立法规则和非立法规则之间的区别对于内部行政法是至关重要的，这一点对规约的起草者来说是不容忽视的。因为行政机关制定的许多内部行政法被设计成属于《行政程序法》的非立法规则范畴，在未经通知和评论的情况下发布。因此，法院如何区分立法规则和非立法规则的利害关系是非常现实的。如果法院对什么是立法规有一个包容性的观点，许多内部行政法将面临程序无效的前景。

过度宽泛地对待立法规则所带来的风险是众所周知的，[②]截至 2022 年，美国最高法院在监管这一界限时都表现得十分谨慎。在 2015 年佩雷斯诉抵押贷款银行家案（Perez v. Mortgage Bankers Ass' n）（以下简称佩雷斯案）的判决中，美国最高法院推翻了对行政内部法的一种相对极端的侵犯。这是华盛顿巡回法院的一种原则，该原则要求机构利用通知和评论规则，对一项与之前的机构解释有重大偏差的规定作出新的解释。法院坚决重申，由于《行政程序法》不要求通知和评论解释性规则，法院不能自由要求附加程序，无论该解释是否为行政机关的第一个解释或是否代表了一个改变的过程。此外，法院强调，在《行政程序法》授权范围之外实施这一程序性要求将违反“行政法的基

① United States ex rel. Accardi v. Shaughnessy, 347 U.S. 260 (1954).

② See Richard J. Pierce, JR., *Administrative Law Treatise* § 17.3, at 1572 – 76 (5th ed. 2010) (criticizing effects on agencies of overly inclusive test for legislative rules).

本原则,即机构应自由制定自己的程序规则"①。因此,佩雷斯案的决定执行了一项原则,即在《行政程序法》下,法院无权通过由于机构制定内部法律的原因来执行管理程序。

然而,与此同时,佩雷斯案法院明确拒绝就如何划定立法规则和非立法规则之间的界限提供指导。美国最高法院先前就这一区别所提出的最多的意见只是重申了这两种规则之间的正式法律差异:立法规则以法律效力约束第三方,而解释规则不具有法律效力。下级法院在面临诉讼中经常涉及的代理声明是否需要通知和评论的问题时,也曾试图填补这一空白,依赖于许多因素,如规则是否有"法律的力量",该机构是否明确援引其立法规则制定权、声明的"实质性影响"以及无规则执行的依据。② 然而,在应用这些因素时,一个经常发生的司法反应是审查一项声明在多大程度上限制了机构的自由裁量权或约束了其官员和工作人员。"缩小(机构决策者的)视野""在某种程度上对最终(机构)决策产生重大影响""目的或可能产生的影响(将)……"严格限制了行政自由裁量权,既不"真正让行政机关及其雇员自由行使裁量权",又不表明"行政机关打算将其自身约束在某一特定的法律立场上"③,指出该项声明是一项立法规则。在这种逻辑下,组织或约束低级决策者的自由裁量权的机构政策或内部法——就像有效排序等级官僚机构的许多政策所做的那样——将

① Id. [quoting Vt. Yankee Nuclear Power Corp. v. Nat. Res Def. Council, 435 U. S. 519,544 (1978)].

② See Am. Mining Cong., 995 F. 2d at 1111 - 12 [suggesting (1) whether there would be a basis for enforcement without the rule, (2) publication in the Code of Federal Regulations, (3) whether the agency has explicitly invoked its general legislative authority, and (4) whether the rule effectively amends a prior legislative rule as critical factors]. The D. C. Circuit has squently made clear that publication in the Code of Federal Regulations is not a significant factor. See Health Insurance Ass'n v. Shalala, 23 F. 3d 412, 423 (D. C. Cir. 1994) (explaining that C. F. R. publication only a "snippet" of evidence). For an overview of judicial treatment of this distinction, see generally 1 RICHARD JI. PIERCE, ADMINISTRATIVE Law TREATISE § 6.4, at 432 - 466 (5th ed. 2010) (discussing the distinction between legislative and nonlegislative rules); David L. Franklin, Legislative Rules, Nonlegislative Rules, and the Perils of the Short Cut, 120 Yale L. J. 276 (2010); John F. Manning, Nonlegislative Rules, 72 Gao. Wash. L. Rev. 893 (2004).

③ Syncor Int'l Corp. v. Shalala, 127 F. 3d 90, 94 (D. C. Cir. 1997) [citing U. S. Tel. Ass'n v. FCC, 28 F. 3d 1232,1234 (D. C. Cir. 1994)].

需要通知和评论。

按照这一思路，机构的声明越是构成该机构的自由裁量权，并声称对该机构本身具有约束力，就越有可能被判定为一项立法规则，因此，如果不使用通知和评论发布声明，该声明在程序上就越无效。但是，约束行政机关，或者更准确地说，限制下级工作人员行使自由裁量权是内部行政法的基本任务之一。因此，法院要求行政机关通过通知和评论规则的制定来构建他们的自由裁量权与美国《行政程序法》有很大的不同，美国《行政程序法》只对内部行政法作出公布要求。

2.3.1.2　外部化体现

司法学说不仅威胁到内部行政法，可审查性理论和阿卡迪理论还将内部法律视为法院对机构合规性进行的外部审查。

第一，可审查性理论。美国《行政程序法》排除了对"依照法律赋予机构自由裁量权"的机构行为的司法审查。当法院询问机构行为是否"依照法律承诺代理自由裁量权"时，询问法定授权是"为了让法院没有有意义的标准来判断机构行使自由裁量权"，还是正如它所说的那样，"以如此宽泛的术语来制定，以至于在特定的情况下没有法律适用"①。

判例应用程序评估法定授权，以确定法规本身是否提供司法管理标准。法院已经超越了法定语言，并得出结论，当机构本身制定了一项法律时，法院可以根据该法律评估机构的行为（通常是在立法规则中），于是就有了"适用法律"。法院进一步发现，非立法的规则和政策可能引发审查。

在确定内部法是否可以触发可审查性时，法院评估规范对机构的约束程度，或法院以强制方式限制机构的自由裁量权。更一般地说，法院审查内部政策旨在限制机构选择的程度。

① Webster v. Doe, 486 U. S. 592, 599 - 600 (1988); Citizens to Preserve Overton Park, Inc. v. Volpe, 401 U. S. 402,410 (1971); Heckler, 470 U. S. at 834 - 835. The "no law to apply" formulation has some unfortunate implications, see Ronald M. Levin, Understanding Unreviewability in Administrative Law, 74 MINN. L. Rev. 689,705 - 709 (1990), but has not been abandoned.

在确定一个机构的声明是否构成“有约束力的规范”时,我们传统上会考虑该机构声明的当前效果……我们还审查了该机构的声明是否使其自由行使其自由裁量权。对行政机关自由裁量权没有重大限制的声明不被视为具有约束力的规范。作为一般规则,如果机构有意这样做,则其声明将转变为具有约束力的规范,而其意图则可以“通过检查声明的语言、上下文和任何可用的外部证据来确定”。[①]

换言之,从某种程度上说,一个机构的内部声明似乎是在做内部法律的工作——建立规范,约束机构的行为者,或限制机构的结构及其自由裁量权,它们可能为机构合规性的外部司法审查创造依据,但这并不是说没有正当的理由对机关内部法进行司法审查。内部法必须与适用的法定方案一致,且非任意性假设所涉内部法须满足终局性和其他司法先决条件,则这些要求可以并通过司法审查予以执行。然而,允许审查内部法的有效性和将内部法视为授权对该机构的外部执行之间存在差异。

第二,阿卡迪原则。内部法的外部可执行性也适用于已确立的阿卡迪原则。阿卡迪原则要求机构遵守自己的规则。[②] 更具体地说,它授权法院撤销不符合该机构自身规则的行为。阿卡迪义务早在《行政程序法》颁布之前就存在了,它有一个独立于法规的基础,尽管它可以被视为执行《行政程序法》的授权,使任何“不符合法律”的机构行为无效。

正如伊丽莎白·马吉尔(Elizabeth Magill)所主张的那样,阿卡迪原则为各机构提供了一种机制,使它们能够对自我约束或自我监管的政策作出可信的承诺。[③] 当行政机关依据立法规则采取相应政策时,行政机关还需选择诉讼当事人、司法机关触发行政机关自身遵守的外部强制执行。

如果阿卡迪原则仅适用于立法规则,则该原则允许机构通过发布立法规

---

① See Padula v. Webster, 822 F. 2d 97, 100 (D. C. Cir. 1987) (emphasis added).

② See United States ex rel. Accardi v. Shaughnessy, 347 U. S. 260, 267 – 268 (1954); Thomas W. Merrill, *The Accardi Principle*, 74 Geo. Wash. L. Rev. 569 (2006).

③ See Elizabeth Magill, *Foreword*, *Agency Self – Regulation*, 77 Gao. Wash. L. Rev. 859, 873 – 874 (2009).

则来故意触发外部司法执行,从而预先承诺遵守该规则或进行通知,并承诺制定规则来更改该规则。但是,如果阿卡迪原则也适用于非立法规则,那么无论机构何时采用内部法,该学说都会给它们带来成本:通过采用内部法,机构会为司法审查其合规性创造前提。因此,纯粹的内部法是排除在外的。

2.3.2 对内部行政法的影响

上述司法理论对立法上的非立法规则的区分、可审查性原则和阿卡迪的内部法进行了适当的规范,为行政机构创建了矩阵:行政机关可以选择以立法规则的形式使其内部行政法正式化。如果这样,它就成为司法审查的基础,并明显地触发了阿卡迪的外部司法审查。但是,如果行政机关在通知和评论之外发布内部行政法,则存在程序无效或触发司法审查其合规性的风险。事实上,正是这些特征赋予了内部法作为一种法律形式的特征,即为机构行为者遵守规定创造了假定的压倒一切的理由,也为司法审查机构的遵守和无效提供了依据。

这一规定促使各机构内部文件中的规定不那么具体、果断、清晰。从内部法的角度看,这些都是错误的激励。最直接的是,机构制定其内部法以避免司法审查,这一原则损害了内部行政法履行其政治、管理和法律责任角色的能力。这些角色需要清晰,而不是含混不清。更危险的是,机构官员需要理解抽象和模糊的内部法,这将促使他们对内部法的真正含义或要求形成一套自己的理解。这些规范不可避免地比官方内部法本身更不公开和透明。虽然发展一种具有操作性的理论是行政管理的一个必然特征,但为机关提供更抽象激励的司法理论实际上扩大了书本上的"内部法"与现实中的"内部法"之间的差距。

一些证据表明,机构希望摆脱这一矩阵。从20世纪90年代初开始,各机构已将其指导文件的外部可执行性和约束性的免责声明纳入其中,[①]这种免责

---

① See Appalachian Power Co. v. EPA, 208 F.3d 1015, 1022–23 (D.C. Cir. 2000); Mendelson, Regulatory Beneficiaries, supra note 11, at 400 (noting that particularly since 2000, guidance documents at the EPA and other agencies have included these disclaimers).

声明不构成任何可强制执行、强制赋予任何法律义务并约束遵守的权利。然而，他们的坚持仅明确地表达了一个机构在颁布内部法律时的利益，而不同时触发司法审查来遵守内部法。这些免责声明可以被看做《行政程序法》寻求保护的内部管理和流程领域的最后一道"恳求"。在有效的情况下，它们为各机构提供了一种有效的方式，将其指导文件保留为自己的内部法律，但又仅以正式否认文件的法律性质为代价。

在行政国家诞生之初，内部行政法的地位就处于不确定的状态。尽管受到《行政程序法》豁免的正式保护，但司法原则明显限制了机构使用和依赖内部行政法。这一结果不仅不利于机构有效行动的能力，还不利于确保机构行动的合法性、规律性、一致性和问责制。

2.4　背反与断裂：理论与实践的比较观察

虽然在面对内部行政行为引发的纷争时，法院通过"外(部)化"的引入作为扩张受理的依据，将内部行政行为诉讼风险隔绝的面纱予以揭穿，以完成监督行政行为、救济权利的使命，进一步实现对人们正在变化的法治观和权利意识的回应，但在具体的司法实务中，法院对内部行政行为性质认定的模糊，以及对"外化"理论自身的不足也产生了多种疑惑，使这种回应有时难以服众，从而造成理论与实践的背反与断裂。因此，如何选择"走出利益失衡困境的一种平衡机制，不仅需要继续深化理论研究，更需要循序渐进、审慎稳妥地进行实践"①。

2.4.1　理论不足难以回应客观诉求

行政行为类型化(型式化)思维，就本研究所见，其优点在于型式化，缺点亦在于型式化。因为行政行为能否型式化直接影响法治国家规律的精致与否，因此，某一行政的行为如无法经由行政行为形式理论予以型式化，似乎无

① 李永超：《从行政征用观点论数字版权的强制许可及其引入》，载《中国出版》2013年第2期。

法产生法治国家之规律。同样,对于不同的类型化行政行为,法治国家的规律程度也不同,内、外部行政行为即是适例。截至目前,有关内部行政行为与外部行政行为的判断标准鲜有坚持首尾一贯的观点,多因论者(含法官)各自不同目的或价值偏好之不同,而选择各自所需或可供其适用之标准,故其本身即包含有目的或价值评价。

从笔者收集到的案例来看,(内部)行政行为的应用表现为以下三种形态:第一,原则上不对争议行为的性质作出认定。不论行政行为的形式为何,都只视该争议行为有无给相对人的权利义务或法律上的利益造成影响,产生法律效果,而后再考虑是否将其纳入司法考量。如"李某光诉东莞市城建规划局行政确认案"中,二审法院认为"东莞市城建规划局作出的《关于李某光私房的意见》,对上诉人李某光所建的房屋进行了行政确认,该意见虽然是对其属下职能部门的答复,但由于其被案外人东城办事处作为认定上诉人房屋系违章建筑的依据,对上诉人李某光的财产权产生了实际影响,东莞市城建规划局作出的该意见,属于行政诉讼的受案范围"。第二,根据既有的行为形式概念,先对争议行为的性质作出认定,为扩大行政诉讼受案范围,再视个案情形将争议行为依外部化的阐释纳入行政诉讼受案范围。例如,在"新安县人民政府诉新安县某化工有限公司行政决定案"中,二审法院认为,"该批示虽然是内部行政行为,……该内部行政行为内容外化,对行政相对人……的权利义务产生了实际影响,成为具有强制力的行政行为,该行为属于人民法院行政诉讼的受案范围"。再如,在"郑某华等不服成都市武侯区人民政府国土行政批复案"中,法院认为"……成武府函(2007)120 号批复虽然是行政机关就行政事项作出的内部审批行为,……但该批复实际对原告的相关利益产生了影响,因而是可诉的行政行为"。第三,直接将形式上的内部行政行为结合行政内容作出实质判断,认定或转换为具体行政行为。例如"吉某仁等诉盐城市人民政府行政决定案"中,二审法院认为"第 13 号《专题会议纪要》虽未向利益相对方直接送达,但第 13 号《专题会议纪要》的相关内容在其后已经得到执行,……因此应当认定……第 13 号《专题会议纪要》中作出的有关公交车辆在规划区免征规费的行为是一种可诉的具体行政行为”。

综观之,形式上本属于内部行政行为的争议行为为何在不同的法院有三种不同的取向,是案例中蕴含的细节性差异导致的,还是理论的不足使然?就笔者观察而言,细节性差异虽然会带来裁判的不同,但更重要的原因在于理论的不足。下面的讨论也会证明这一初步的论断。

在许多法律情形中,一个与公民直接对应或接触之机关的行为背后还隐藏着一个内部行为——对公民权利义务发生实际影响,这经常与现实的法律关系相违背。因为在许多案件中,即使是必须经过不同行政机关或机构参与的案例,当事人也可能习惯只有一个法律行为。在法解释学上,我们也很难将同一个行为同时解释为具有完全不同的法律意义,从而实现行为性质的转换。相对地,行政机关的行为除了可能是在机关内部行文外,也可能会直接送达给相对人,这时我们对于该行为的性质认定或许会清晰明了些。因为该行为直接送达给了相对人,所以满足了外部行政行为的构成要件。但是该行为相对于被行文的行政机关而言,是否会因在机关内部行文而被定性为内部行政行为呢?例如“万宁市人民政府等与海南某环保实业有限公司土地行政征用及行政赔偿纠纷上诉案”。这样的情形就会衍生出进一步的体系问题,即同一个行为在不同的主体看来为何同时具有外部性质和内部性质,相对人又该在何时对何种行为提起救济?如果此时存在一个行为,这个行为实质是外部行政行为,但却将其解释为内部行政行为,接着再通过“外部化”理论的套用对案件予以裁决。这样的操作似乎让清晰的法秩序因为理论的混沌与无力而深深陷入琢磨不定之中,人为玄虚的造作给法律关系的直接性带来破坏。

依据前述实务案例整理之结果,不难发现,实务上除未正视“外部化”标准的问题外,在实体审查的具体操作上亦未见稳定、一贯的实体审查态度。例如,在前述对于“有无中介行为”的实务案例中,便出现有两种以上的审查态度。笔者整理的群组案例中具有本质近似的相同类型案件如“佛山市某贸易有限公司诉佛山市政府、佛山市国土资源局收回国有土地使用权案”与“万宁市政府等与海南某环保实业有限公司土地行政征用及行政赔偿纠纷上诉案”,

不同的法院对此表现出了不同的态度、发展出了不同的审查标准:有的法院认为如果有中介行为,内部行政行为的效力就完全被阻隔在行政机关内部,即与相对人发生法律关系的可能性被另外行文的决定所隔断或代替,若没有另外行为的决定,其就可能会因“外部化”而与相对人形成利害关系的链接,从而产生行政法律关系;有的法院却不尽然,不管有无另外行文的决定,只要当事人知悉内部行政行为的内容与自己有利害关系,即可诉诸法院寻求救济。甚至在同一案件中,不同层级的法院在具体操作上亦未具备稳定的裁判结果。例如“李某光诉东莞市城建规划局行政确认案”中,一、二审法院的审查结论截然不同。虽然审级制度的存在目的是确保法院裁判的正确性,但是在基础事实无重大不同的前提下,完全相反的审查结果表明有深究的必要。因此,“外部化”理论的形成不能孤立地被看待,要从专业的观点学说、当下有关法律规范以及案例中发展出的超出现有规定的见解等角度进行吸收借鉴,同时与一般制度进行差异化、连续化解读,以达到类似裁判一致性的要求,切实维护司法行为的权威性以及符合宪法上的明确性原则、平等原则。

2.4.2 工具主义的非制度化及危害

无论如何,内部行政行为的存在都有一定的实际意义,行政一体的正当性对于行政组织学一般教义也具有核心意义。它提供给行政一个坚固的、具有防御性与内部执行性等封闭性特征的可能,而此封闭性特征透过限制性的瑕疵效果规定具有额外的侵害性。对于由此而可能产生的对于自由与合法性的危险,透过内部行政程序以及特别建立的权力保障机制,或许已经无法成功地加以约束。“外部化”理论的建构遂应运而生,且也已被接受为扩张受理的依据。但是,我们要避免走向两个极端:一是忽略内部行政行为的价值与类型,将其全部纳入受案范围,二是将其演化为工具,理性而随意地操控。“一种法律制度如果没有一种理性的理论作指导,它就不会是自觉的、理性的和科学的，而是盲目的、非理性的和支离破碎的。”①

“外部化”作为一种制度内部的抽象解决问题体系，即单纯依既有制度及相关规定，经由概念操作及理论演绎即可获得唯一正确解答。其危害为：第一，对于社会渐增的各种利害冲突现象及行政活动，勉强将其纳入既有制度概念（如行政、具体行政行为等）或理论内，演绎操作，对具体问题的解决流于变动，没有依具体规则操作争议问题的倾向，不切实际；第二，理论容易僭越既有实定制度而怠于挖掘具体细节之所在，使空有理论之名行随意操作之实；第三，由于欠缺对具体个案的实际经验资料的详细研究，且排斥各种利益冲突之价值判断，而逐渐流于概念法学发展。这就让“外（部）化”沦为一种工具理性，像一只“看不见的手”一样支配着司法实践的运作，变得只注重功利效果及如何运用手段去实现目的，而不考虑所追求目的的达成是否合理。简单地说，这一工具理性为了目的而“不择手段”，最终导致了司法理性的失落。

---

① 孙笑侠：《法律对行政的控制：现代行政法的法理解释》，山东人民出版社 1999 年版，第 249 页。

3 “外部化”的平衡空间：一种作为扩张受理依据的存在观察

“外（部）化”作为扩张受理依据已是不争的事实，从最高人民法院整理的裁判要旨也可以看出其已具有了相当“官方性”和受重视度。作为一种体现司法政策属性的实践安排，“外部化”的引入与运用在具体的语境下获得了机能的释放，充实了法院可资取用的说理内容与审查依据，间接提高了司法运作的活力与正义守护的形象。在已有的司法判决中，不同的法院对这一抽象性描述的语意词性与实质内涵有着不确定性的理解，人们难免会因此产生一定的质疑与担忧。当下正确的做法应是充分挖掘其司法功能，同时对隐藏其间的质疑认真推敲并作出严谨回应，并进一步将其与一般制度进行差异化、连续化解读，在多元理论的框架下交错考量外化的平衡空间。

3.1 “外部化”的功能：司法审查语境中的挖掘与梳理

3.1.1 利害关系建立的方式

根据《行诉解释》第1条的规定①与最高人民法院的裁判要旨，“外部化”的内部行政行为如果被纳入行政诉讼的受案范围，必须不能属于《行诉解释》

---

① 《行诉解释》第1条规定：“公民、法人或者其他组织对行政机关及其工作人员的行政行为不服，依法提起诉讼的，属于人民法院行政诉讼的受案范围。下列行为不属于人民法院行政诉讼的受案范围：（一）公安、国家安全等机关依照刑事诉讼法的明确授权实施的行为；（二）调解行为以及法律规定的仲裁行为；（三）行政指导行为；（四）驳回当事人对行政行为提起申诉的重复处理行为；（五）行政机关作出的不产生外部法律效力的行为；（六）行政机关为作出行政行为而实施的准备、论证、研究、层报、咨询

第1条第2款所排除之事项。这些事项中最有可能与其相关联的应属第1条第2款第1项与第10项的规定,而本研究在前文已对第1条第2款第1项中的“行政诉讼法第十三条规定的行为”进行了阐述与理解,其与此文的内部行政行为属于不同类型,理应将该项排除。因此,唯有第1条第2款第10项规定的“对公民、法人或者其他组织权利义务不产生实际影响的行为”有被关联的可能性。依此可以推知,“外部化”后的内部行政行为是对公民的权利义务产生实际影响的行为。那么,外化在行政诉讼上究竟意味着何种条件的满足?对此,实有详细理解的必要。

依然回归到案例中,从法院的裁判中寻找到法院将“内部行政行为”纳入或排除行政诉讼的受案范围的描述语句,例如,“内部行政行为内容外化,对行政相对人的权利义务产生了实际影响”①“不直接产生法律上的权利义务关系……应当属于没有外化的内部行政行为”②。这两例从正反两方面表述了“外(部)化”与“权利义务”的关系,依此判由可知,“外部化”在诉讼上应涉及因果关系要件的关联。换言之,“外部化”得以建立“利害关系”是因为其对权利义务产生了影响,权利义务受到影响是“外部化”的结果。

按照行政诉讼以往的经验,行政活动时所存在的一切行为事实都是客观存在的后续行动。一般而言,如果再面对相同情况和相同操作条件,就有可能发生相同的结果。基于此,因果关系也可以这样理解:因果关系条件成就,结果相等,行为与结果之间具有相应的因果关系。因果关系要件的成立不仅与法规范内容相关联(特别是在由行政—行政相对人—利害关系人所组成的三者关系的场合,经由法规范的内容判断,将行政与利害关系人的关系衔接),还

等过程性行为;(七)行政机关根据人民法院的生效裁判、协助执行通知书作出的执行行为,但行政机关扩大执行范围或者采取违法方式实施的除外;(八)上级行政机关基于内部层级监督关系对下级行政机关作出的听取报告、执法检查、督促履责等行为;(九)行政机关针对信访事项作出的登记、受理、交办、转送、复查、复核意见等行为;(十)对公民、法人或者其他组织权利义务不产生实际影响的行为。”

① 新安县人民政府诉新安县某化工有限公司行政决定案,洛阳市中级人民法院(2011)洛行终字第14号行政判决书。

② 富宁某煤业有限责任公司与富宁县人民政府其他行政行为及行政赔偿纠纷上诉案,云南省高级人民法院(2011)云高行终字第83号行政裁定书。

受现实中的事实关系的影响。这种事实关系表现在现实中往往发生了事实上的“损害”。但需要注意的是，现实中发生的“损害”事实与“法律上保护的利益”在内容上未必有一致性。若将现实中发生的“损害”理解为“对该主体的物质、心理等所有意义上的利益圈乃至于利益状态所产生的‘负的变化’”，或者“对人或财产所产生的比从前的状态或被期待的状态更为不利益的变化”，则又会导致诉讼的范围过于宽大。因此，公民因内部行政行为的“外化”而受有损害的，即使内部行政行为的“外化”与损害结果之间有关联，也依然不能被司法审查，因为这需要如待下文阐述的保护规范理论与反射利益的交错考量。

总体而言，从笔者整理的案例分析结果看，法院关于行政行为“内部”“外部”的判断仅流于形式化或单面化的观察，有的法院虽在“用语”上未出现“外(部)化”一词，但其对于“法律效果”的认定还是将内部行政行为纳入了受案范围的必然考量要素，而效果发生的前提是代之“外(部)化”的用语——“通知”、“告知”或“送达”等用语。[①] 这些词语在法律上的意义有无差别留待下文考证，但论功能而言，其都将内部行政行为“捕捉”到了行政诉讼受案范围内，不仅使相对人获得了较完善的事后救济，还在理论上使个别形式学说的内涵得以修正和补充。该“捕捉”基本得益于“外部化”的以下功能：

第一，具体化功能，即内部行政行为“外部化”后可使实体法权利义务明确化、具体化，从而有助于法的安定性，[②]且法律通常对于这类行为的效果设定了适法性审查程序。第二，完结行政程序的功能。因为“外部化”即告程序上已经终结或至少不再限于阶段性行为的判断，所以其具有作为行政适法性控制

---

① 杨小君教授认为，被诉行政行为对原告利害关系的影响形式有五种，其中第四种是因事实上的牵连而存在的影响。所谓事实上的牵连，是指被诉行政行为涉及有关事实，而这个事实与起诉人有关系，或者被诉行政行为涉及的权利、利益与起诉人有事实上的联系，二者之间形成了事实上的牵连，影响了起诉人的权利、利益。为使概念更为清晰，论者以广州市的一个规划批复案为例予以论证。由此可见，杨教授也支持“外化”是法律上利害关系建立的方式之一。参见杨小君：《行政诉讼原告资格：影响与利害关系》，载《上海政法学院学报》2006 年第 4 期。

② 此一法安定性功能主要借助行政行为的各种效力获得确保。

与公民权利保护装置的控制阀的功能。此外,不能忽略的是其与多阶段行政行为的区隔。第三,衔接性功能,即认为争议行为一经“外部化”,即可与特定的法律效果相互衔接。第四,赋予执行名义的功能,即行政执行上赋予行政权有“认定特权与执行特权”[①]。行政机关原则上无须再另行文作出决定或取得裁判名义,即可直接以“外部化”后的内部行政行为作为行政强制执行名义。

3.1.2 司法监督行政的链接

大多数内部行政行为譬如行政指令或批复等体现着行政属性,谈及此属性,则还需了解行政一体性原则。实际上,行政一体性原则是德国行政法学理论中的一个学术观点,并没有明确内涵的法律概念。其含义包括两方面:“一方面,行政管辖权意味着所有行政权限都需要尽可能地集中在一个部门中。另一方面,所有政府机构在制定外部决策时都需要基于相同的方向进行考虑。”[②]该原则强调系统内的行政统一和封闭。根据以上描述,从管理组织的角度来看,整个管理系统的不同管理部门有不同的管理任务,且每个管理任务都有相对的专业知识,其他人对此是无法作出评论的。但是实际上,在很多情况下,部门之间是需要相互合作和相互协调的。因此,各部门需要一个共同的行政首长[③]——为了避免行政机关之间在合作过程中出现矛盾纠纷或难以平衡的现象,需要由行政首长来统一指挥与协调不同部门之间的合作。这也是行政一体性原则存在的基础。“外部化”揭穿了内部行政行为诉讼风险隔绝的面纱而使其被纳入行政诉讼受案范围,达到了权利救济的最终目的,实现了司法监督行政的功能。该功能的承认有助于:

第一,实现法治国的理念。现代民主法治国家理念,首先要求国家行为的合法性,因此国家权限依权力分立原则除须交由各个不同的行政机关行使外,

---

① 此一功能若结合诉讼法上的规定,则未必如此,即若采起诉停止执行原则,则行政行为是否执行,相对人的意思仍发挥一定功能。我国行政诉讼采“诉讼不停止执行”原则,因此,行政行为原则上即得作为执行名义,而无须诉讼环节的进行。

② 翁岳生编:《行政法》(上册),中国法制出版社 2009 年版,第 322 页。

③ 参见翁岳生编:《行政法》(上册),中国法制出版社 2009 年版,第 325 页。

国家行为还应符合正当程序的要求，即立法机关制定的法律须符合正义的理念及其他法律所应共同遵守的原理原则；行政机关须依法行政，故而行政机关与公民共同负有守法的义务；司法应给公民被公平审判的机会及有实效性的法律救济途径。如果行政机关想借助内部行政行为达成行政目的，或者欲规避外部行政行为而以内部行政行为作出侵害公民权益时，对于此种行政行为建立起的相应的救济通道将可使公民的权益得以保障，损害得以弥补。[①] 就行政机关而言，由于行政法对于内部行政的规范较少，如果通过内部行政行为外部化后的救济管道的建立，可使行政机关在作出该类行为时有所"顾忌"，这也属行政自我内在统领制约的重要一环。行政复议是行政体系内部"自省的救济程序"，并非不独立于行政体系外的司法程序，纵然复议机关有相当的自主性，终不能与独立审判具备公信力的法院等量齐观。[②] 此外，该功能还有利于法治行政、公益增进与人民福祉的实现。

第二，防止逃逸法治主义的范围。对内部行政行为的监督应在法治国理念中寻求既不侵害行政权的行使，又能为公民提供无漏洞救济的平衡点。若内部行政行为完全脱离于权利救济体系之外，对于该行为所引发的争议将无法获得客观公正合理的解决和行政机关自我矫正的机会。为防止行政权的滥用损及行政权本应依法正当的运作，借助行政机关内在自省与司法中介的第三者地位加以审查，也将可使行政更加具有合法性与合目的性。[③]

---

① 参见吴信华：《宪法释论》，台北，三民书局2015年版，第65页。法治国家原则要求国家行为的方式或内容的正当性，其具体的衡量原则包括：法安定性与法明确性（国家行为的可预测性）、平等原则、比例原则、信赖保护原则及溯及既往禁止等。而法治国家的最终目的在于保障公民的基本权利不受国家的恣意侵害。

② 参见吴庚：《行政争讼法论》，1999年自版发行，第290页。

③ 诉愿权有两项行政诉讼所没有的功能：一是审查行政处分的适当与否。基于权力分工，司法机关只作法的监督，法院仅审查行政处分的合法性，以免过度介入行政权的行使。反之，受理公民诉愿除了审查行政处分的合法性外，亦可审查其适当与否，即所谓的合目的性。合目的性审查不限手段、方法的选择裁量，包括是否符合政策方针、经济效益、资源分配的优先顺序以及公众对政府机关或决策人员的观瞻等全面性之考量，至于有无违反平等原则或比例原则，其属合法性审查的范围。二是减轻法院的负担。诉愿案件分门别类经过各该主管机关审议处理，设能获致解决，则起诉于法院者将大为减少，纵使诉愿决定难昭折服，法院对已经诉愿审议的案件，亦可集中精力于处分合法性的审查，免于从事非法官所擅长的各类专业判断。参见吴庚：《行政争讼法论》，1999年自版发行，第290页。

第三,打破内部行政行为不得救济的迷思。以往行政救济几乎绕着外部行政行为的课题进行,无法在诉讼或复议上提供外部行政行为之外的行政行为救济。然而外部行政行为并非本质概念,而属目的概念,其中一项目的在于使公权力措施借由外部行政行为这一概念受到法的监督,并保障公民权益免遭损害。在“内部行政行为不可诉”的前提下,公权力主体的意思表示常被“目的性扩张”解释为外部行政行为(具体行政行为),以使相对人有请求救济的机会。“外(部)化”引入后,上述前提得到了修正,因此外部行政行为作为目的概念的角色也应作适度调整。公民若对内部行政行为不服,欲防止其权利受侵害时,无须如同之前的司法实务中的做法或传统见解一般将其视为外部行政行为(具体行政行为)或扩大外部行政行为(具体行政行为)的概念获得救济。这个现象在笔者收集的案例中多有出现,如“梁某诉南宁市邕宁区人民政府会议纪要案”“纪某银等32户村民不服西安市人民政府征用土地批复案”“陈某璋诉三明市人民政府、三明市建设委员会等许可占道经营案”“吉某仁等诉盐城市人民政府行政决定案”等。

3.1.3 保障诉权行使

诉权是指“要求法官对相关诉讼请求的法律依据做出判决的权利”①。寻求司法帮助,并希望通过各种诉讼解决社会实践中的各种冲突和纠纷,是解决冲突最好的选择。这是人们法律意识不断提高、不断增强的表现,也是诉权行使的必要前提。作为诉讼开始和继续的组成部分,对于当事双方而言,与诉权相关的是寻求司法补救的相关权利。从整体行为来看,“诉讼具有表达当事人的利益,救济和监督权的几个重要价值”②。

行政诉讼中原被告双方天然的实力悬殊导致行政相对人不愿选择以诉讼

① [法]亨利·莫图尔斯基、巢志雄:《主观权与诉权》,载《苏州大学学报(法学版)》2019年第1期。

② 马立群:《论行政诉权的构成要件与审查规则——行政诉权保障的路径及发展趋势》,载《南京大学法律评论》2013年第1期。

的形式维护自身权益,这违背了《行政诉讼法》的初衷。解决这一问题必须从充分保障行政相对人诉权入手,在"官本位"思想和重视行政优益权的情形之下,使其敢于在个人利益与公权力发生碰撞时,向司法机关寻求权利救济。在此意义上,保障诉权行使对于行政诉讼的顺利进行具有特殊意义。随着相关司法解释的出台,一些内部行政行为被明确排除至受案范围之外,而这可能导致在行为产生外部效力时,"内部行政行为"这一称谓成为隔绝被诉风险的工具。此时,"外部化"实质上处于被搁置的地位。在保护规范理论逐步被引入我国行政诉讼的今天,这一现状亟须获得改善。因此,要对内部行政行为外部化之情形进行明确认知,对相关要素进行提炼和细化,从而有力维护诉权的行使。

3.2　"外部化"的疑虑:实践超越表达的司法形成

3.2.1　法律理解的落差

前述有论,"外(部)化"让利害关系得以建立,是链接司法监督行政的桥梁。但是在笔者所整理的案件的判决理由中,我们可以发现一个最根本性的问题:法院似乎没有表明其所援引的现行法依据,甚至有违反现行法律规定的嫌疑。其原因在于"行政诉讼法并没有作出规定,最高人民法院的司法解释也没有作出规定"①。并且在实务中,最高人民法院也在其"裁判要旨"中的第一句话表明了"原则性"观点,即"按照《行政诉讼法》的规定,作为内部行政行为的批复不可诉"②。既然《行政诉讼法》规定了不可诉,那法院将某些情形作为"特例"区别对待,是否有超越法律规定的嫌疑?法院的行为是否已经逾越了法律所赋予的裁量权限?虽然在具体适用法规之际,并不当然禁止依其文义的可能范围为限缩或扩张解释,甚至超越文义而为目的性地限缩或扩张,但是

① 蔡小雪主编:《行政审判与行政执法实务指引》,人民法院出版社 2009 年版,第 462 页。

② 参见中华人民共和国最高人民法院行政审判庭编:《中国行政审判指导案例》(第 1 卷),中国法制出版社 2010 年版,第 1 页。

法院仍应就其裁判理由提出足以证立的说明。而法院的裁判理由中仅有“外(部)化”用语,这显然不足以证明其论点。

假若真的因为现行规范的不当或缺失导致现行有效条文与理论体系在行政诉讼的受案范围上产生了矛盾,也应该在宪法基本价值的前提下,尊重立法者明示的意思表示。因此,只能在解释论上尽力修补理论体系不足所产生的破裂,以求实际上达到修正或补强法院说理的目的。但依然要防范的是,虽然在现行规范体系中,利用解释论来弥补理论体系缺陷是可行的观点,但其在适用上除具有解释学上的局限性外,还会因解释方法的运用而受到行为动机与事实背景的影响,即赋予法院得依诉讼进行的程度以及诉讼资料的发现,可以主动地修正或变更司法审查的态度。这势必就会产生对法规范的理解落差与误用的可能性,作成法律上的让步,而不当地适用客体扩张规范的立法目的等带来的种种不确定性风险,终将弱化法治国家对行政行为内容自我强制和司法部门控制的要求,甚至是全部倾覆。

为防止以上不良情况的发生,从立法论的观点而言,除应加快相关现行规范的修正外,还应加强“包裹立法”的立法技术,以期形成完整且和谐的规范体系;从司法者而言,法官应该有自觉意识,“利用司法制度改革给予的良好契机,逐步习得适应其角色所需要的一切。法官在具备推动制度变革之使命感的同时切忌随意”①。

3.2.2 片面性满足要求

在现行规范不当或缺失的情况下,“外(部)化”引入的目的是扩张受理本不具有可诉性的内部行政行为,但这种扩张是否片面满足权利保护效能性的要求,对公民形成过度保障不能不考。

---

① 沈岿:《公法变迁与合法性》,法律出版社2010年版,第177页。

我国《宪法》第41条[①]所保障的诉讼权除以“有权利即有救济”为其重要内涵外，还特别要求此一权利的保障不仅是在形式上提供无漏洞的权利救济，还是一种“权利保护效能性”的命令。然而，所谓“权利保护效能性”的宪法命令，在理解上不可以仅局限在“权利救济”的概念上。因为行为方式应有效达成法规范目的的效能考量，均应内含于宪法与其他法规范中；因为所有法规范的存在，应着重于规范目的的实现。因此，任何诉讼程序为求规范目的的实现，均应考量程序的效能性。无论诉讼程序的目的是否涉及人民权利救济的保障或为维护权利分立、确保客观宪法价值秩序而存在，都必须以有效的方式加以达成。

《行政诉讼法》第2条和《行诉解释》第1条的规定即为立法者落实此一宪法命令的具体表现。因此，“权利保护效能性”的宪法命令应在行政行为的诉讼中全面且具体地加以落实。何以在内部行政行为的诉讼上直接断言“内部行政行为不可诉”——被多数实务与学说加以援用，其中存在着误解与区别对待的基础，前文对此已讨论。无论以何种方式、何种用语来强化例外纳入行政诉讼受案范围的论据，抑或直接以宪法上权利保护效能性的要求寻求例外纳入行政诉讼受案范围的论据，事实上都很容易通过法释义学上的检验证实，有坚实的法学理论基础。因此，在此类内部行政行为的诉讼立场上，通过“外(部)化”的引入充其量仅可视为用语的不同。

3.2.3　判断方式不明确

使用何种“用语”来解释某种状况本为解释者的自由，然而如前所述，“外(部)化”原本是在行政诉讼上作为判别内部行政行为能否纳入受案范围而被使用的技术性概念，或者说其在该领域中已成为一种确定的概念，因此将此一

① 《宪法》第41条规定：“中华人民共和国公民对于任何国家机关和国家工作人员，有提出批评和建议的权利；对于任何国家机关和国家工作人员的违法失职行为，有向有关国家机关提出申诉、控告或者检举的权利，但是不得捏造或者歪曲事实进行诬告陷害。对于公民的申诉、控告或者检举，有关国家机关必须查清事实，负责处理。任何人不得压制和打击报复。由于国家机关和国家工作人员侵犯公民权利而受到损失的人，有依照法律规定取得赔偿的权利。”

概念的目的与机能的实现过程不能不谨慎对待。

就最高人民法院对于“外化”的表述和操作而言，其仍不能称为已臻成熟。首先，正如前述已经指出的最高人民法院的“裁判要旨”——“内部行政行为通过行政机关的职权行为外化后，则可以纳入行政诉讼的受案范围”，以及其他法院的理由表述的那样，如某“机关”“直接下发”“实施行为”“告知与执行”“送达”和“对权利义务产生了实际影响”“影响到权利”“设定了义务”等，这只是一个相当笼统的判断方式，法院还有许多方式去判断参考因素之间的关联性。如果仅运用一种方式，将可能在个案中造成某一因素独大的情形，如“邱某富不服连城县人民政府注销国有土地使用证案”中，法院认为，“连城县人民政府将答复下级机关请示事项的连政（1996）综208号批复直接抄送邱某富，违反法定程序，因此应予撤销”。照此，若对于“通过行政机关的职权行为外化”后的“内部行政行为”起诉，结果应该都会因程序违法而受到法律的责难。然而，结合笔者整理出来的案例事实，裁判结果并非如此绝对。由此可见，这已可能造成“外部化”在操作上的第一步即已陷入泥淖。当然，类似的矛盾与论证的分歧还有很多。就此，我们可以初步看出，我国司法实务中的“外（部）化”显现出实际个案中操作的特殊性，我们似乎无法在事前找到一个巨细靡遗的判断准则，或者可以说，因为难以一概而论，所以并无一个具有普遍性的判断标准或判断体系。然而，这样的结论显然无法让人接受，因为正如本研究所指出的，我国实务中的个案判断中存在过多的疑问，显与法安定性的要求仍有一段差距。

此外，法院倾向于把“外（部）化”后的内部行政行为认定为行政行为，但是对于这种性质的转接法理却未见阐明，更多的是做出一句话描述——内部行政行为对当事人的权益产生了实际影响。这似乎蕴含着“只要是对当事人产生实际影响的行为，就都是可诉的具体行政行为”，这种实务见解显与当下的行政行为理论有牴牾扞格之处，因此对“内部行政行为”与“具体行政行为”

之间的学理关系存有再予深思与斟酌的空间。①

如果说内部行政行为满足一定条件后得以变性为具体行政行为的见解是实务“通说”，那么“邱某富不服连城县人民政府注销国有土地使用证案”中的实务见解可谓“非主流”了。其二审法院认为，连城县人民政府将答复下级机关请示事项的连政(1996)综208号批复直接抄送邱某富，违反法定程序，以连土(1995)68号请示所确认的理由作为批复注销邱某富的国有土地使用证的依据，不能成立。因此，连政(1996)综208号批复依法应予撤销。换言之，内部行政行为是不得转换为具体甚至外部行政行为的，否则即属程序违法。如果说上述案件中二审法院认为程序违法得以撤销行政行为是对《行政诉讼法》第70条第3项的适用②，下面这个案例就有违“程序不合，实体不究”的原则了。在“郑某华等不服成都市武侯区人民政府国土行政批复案”中，法院审理认为，被告成都市武侯区人民政府针对成都市国土资源局武侯分局实施强制搬迁问题的请示作出的成武府函(2007)120号批复，虽然是行政机关就行政事项作出的内部审批行为，该批复也并未向原告送达，但该批复实际对原告的相关利益产生了影响，因而是可诉的行政行为，原告对该批复提起行政诉讼符合相关法律规定。又因该批复有相关的事实依据，具备相应的法律条件，适用法律正确，其批复过程的程序也符合法律规定，依法应予维持。该案的说理很是让人费解，成武府函(2007)120号批复并未向原告送达，法院却认为批复的程序合法而应予以维持，如此见解不仅不符合行政行为的成立要件的要求，还有使救济途径流于形式之嫌。

通览笔者整理的案例群组不难发现，无论争点是什么，案例皆涉及争议行

---

① 就笔者有限的阅读而言，笔者发现朱新力教授在其独著的一书中提到，其“对外部具体行政行为违法性的本质揭示也基本适用于对抽象行政行为和内部具体行政行为违法性的判断”。该意将“具体行政行为”再细分为“外部”和“内部”两部分，很具独创性。不过遗憾的是，论者书中并未再对该组概念做专门的进一步描述。笔者终难领悟其中的奥妙与精髓。参见朱新力：《司法审查的基准：探索行政诉讼的裁判技术》，法律出版社2005年版，第249页。

② 时间跨度内涉及《行政诉讼法》的修改，为更合乎裁判或表达意旨，笔者将相关法律条文的引用以新法为据作了调整，特此说明。《行政诉讼法》第70条规定：“行政行为有下列情形之一的，人民法院判决撤销或者部分撤销，并可以判决被告重新作出行政行为：……(三)违反法定程序的……。”

为的性质与有无对当事人的权益产生实际影响的判断问题等两个方面。在此等裁判中,法院对行政行为的性质认定基本是从行为的产生程序着手的,采用的是形式标准;对于权益的影响则用多样化的用语进行描述,即法律效果的有无,其判准多采实质标准。而这需要法院在具体判决中结合个案情形并分析具体法条的立法意旨,精准度较低,难免令人心生疑惑。综上所述,法院在行政行为的区分标准及其论证模式上尚难有较为明确的脉络可资依循。

3.3 "外部化"初思辨:多元理论框架下的交错考量

3.3.1 行政过程的程序性与组织性

通常而言,行政行为的作出是行政权为了达到行政目的,利用法律或惯例上的手段所构成的一连串程序上的连锁。如有学者表明,"行政行为不是一个单一、孤立、静止的行为,而是一系列不断运动、相互关联具有承接性的过程。这些过程又构成一个多层次的、极为复杂的系统"[①]。这个过程中会包含若干的阶段和程序行为,对它们的考察已逐渐成为现代行政法研究行政权的功能、作用的主流趋势。

行政机关的程序行为是指行政机关在实施行政程序的过程中,以达成实体裁决为目的的相关行为或措施。此种程序行为涵盖范围极广,除可包括一个行政机关内部的准备行为外,还有其他可能涉及公民权益保障的行为,有时也会以本研究所提到的"内部"行政行为形式出现。具体而言,所谓程序行为,指任何行政机关措施,其构成行政程序的一部分,但其本身又并非实体的决定。其就实体决定而言,至多仅具准备的特性。但由于行政程序在个别法规运用中的多样与复杂的一面,如何判断程序行为是否构成实体决定而具有可诉性,有时还须探讨在个别行政程序中,程序是否已全部或部分终结。正如我国台湾地区"行政程序法"第174条规定,当事人或利害关系人不服行政机关关于行政程序中所为决定或处置,得于对实体决定声明不服时一并声明之。

---

① 朱维究、胡卫列:《行政行为过程性论纲》,载《中国法学》1998年第4期。

但行政机关之决定或处置得强制执行或本规定或其他规定另有规定者不在此限。依此,我国台湾地区在理论上也形成了“得强制执行之程序行为”的观点。所谓“得强制执行之程序行为”,是指得依“行政执行法”[①]或其他特别规定的强制执行方法加以贯彻执行的程序行为。既然这种程序行为可以强制执行,倘若当事人需要等到对实体决定声明不服,才可以附带声明不服,当事人的权利已不具回复的可能性,对其权利保护的必要造成侵害。一般而言,行政强制执行的发生是以行政行为获得执行名义为前提的,所以我国台湾地区“行政程序法”第174条但书所谓的“得强制执行之程序行为”至少涉及行政处分性质的程序行为。至于行政机关事实上是否开始执行措施并不是该第174条但书的适用要件,只要有关规定允许其强制执行就已足够。

上述“得强制执行之程序行为”往往是为了达到最终实体决定的过程或措施,法效性并不明显,因此经常被否认具有外部行政行为的性质。若因其产生程序上的效果就将其规定解读为行政机关程序行为,轻易否定其内部性而将其定义为“外部化”,对于传统上行政行为的概念与形式就不会因为法效性不同而产生分类,各种行为形式的法效果不同的分野也将不复存在。内部行政行为“外(部)化”概念的出现使得以作成外部行政行为为主的“实体决定”与程序行为相对应的概念失去实质意义。因此,对于程序行为在法律上是否将其扩至行政诉讼受案范围之内,事实上并非仅满足权利救济这么简单。对于表现于程序行为的内部行政行为而言,重要的还是其可否“及时”且“单独”地提起法律救济,而厘清其法律性质及判断标准,至少在技术上是有助于解决行政争议的途径。

行政不仅有行政行为,也包含行政组织。组织法上的方法论必须处理组织上的作用关联性,以及组织要素的相互依赖性。组织法上之方法论必须是

---

① 参见我国台湾地区“行政执行法”第9条第1项规定,义务人或利害关系人对执行命令、执行方法、应遵守之程序或其他侵害利益之情事,得于执行程序终结前,向执行机关声明异议。此规定是指当事人不服行政执行机关执行行为的法律救济途径为特别的规范,并非对作为执行名义基础的行政处分,后者的救济方式仍应循一般的行政救济途径。

一种在斟酌处理法律条文时,也能顾及组织形态的功能、行为的期待,以及功能上的等价行为的方法。组织法上的方法论之任务在于作出有效性的比较,损益衡酌以及从事选择决定。对于组织法一般教义学而言,行政是一体还是多体的问题具有核心意义:一体以及多体的概念影响整个公行政的资讯通道以及资讯处理系统,并决定了责任结构及参与机会,同时更是具体法律效果,如法律责任问题,归属的出发点。这也是我们在思考“外部化”时所应注意并考量的。

概言之,在外部行政行为作成前的准备行为以及行政程序中的行为如具有规制的性质而又并非完全、终局的规制,为程序经济与组织依赖性的考量,不能对其提起行政诉讼。只有当行为本身具有可强制执行性,或是针对机关内部主体之外的相对人作出时,则因其已对公民实体法上的法律地位产生规制效果,才可经由一定的判断提起行政诉讼。

3.3.2 执行名义本身与执行名义执行

行政机关代表国家行使执行权时,必须以生效的法律文书为根据,没有生效的法律文书,当事人可以拒绝执行。在法理上,这种生效的法律文书被称为“执行名义”。因此,作为行政执行前提的是“执行名义”,行政执行是为使这个“执行名义”得以实现而采取的措施。

执行名义也称执行基础,是指以一定的实体权利义务为内容,并宣示可由执行机关执行的一种法律文书。执行名义的执行指有执行权的机关将上述法律文书(执行名义)送达给当事人,并督促其依法履行文书内容的过程。该过程是一个包括实体和程序在内的复杂的执法活动,不仅要求有法定的执行主体、执行名义,还要求依照法定的措施与程序进行。与民事执行制度不同的是,行政执行名义的确定不如民事执行原则一般有依《民事诉讼法》、《公证法》或其他法律关于强制执行的明文规定,以及明确的判断标准和一定形式的公文书格式。行政执行名义的判断往往须考量个别行政法律的具体规定和具体个案情形,且通常未有一定的形式,甚至某行政法义务能否依行政执行法强制执行，还需要考量各法规的立法目的，不可一概而论。[①] 因此，行政执行名义应具备何种要件需要深入分析。但是通常而言，行政执行以行政行为作为执行名义，以“法令”或“法院裁定”为执行名义的情形较少。从笔者整理的案件情形看，各案例基本也是以行政行为为争议标的的，因此本研究的以下讨论仅以行政行为作为执行名义来讨论。

行政行为（《行政强制法》称为“行政决定”）是一种集“实体行政法律关系的发生原因或确认”、“行政程序的终结原因”、“行政诉讼的审查对象”以及“行政强制执行的合法基础”等功能于一身的功能性概念。此概念与民事强制执行的执行名义的功能有很大差异。简言之，行政行为除了执行名义外，其本身就构成纠纷的发生原因。这一点导致行政执行救济途径与行政诉讼途径二者的功能分担发生混同不清的现象。由于行政行为同时“设定或确认具体行政法律关系”与作为“执行名义”，对于行政行为内容——其所设定或确认的具体行政法律关系存在争议时，如果该行政行为还没有确定，原则应依行政诉讼的方式请求救济。行政行为一经确定，原则上即不能再对行为确定前所发生的法律上或事实上的原因争执该行政行为的实体内容。只有在行政行为确定后发生足以排除行政行为内容的法律上或事实上事由的情况时，才有承认重开诉讼的必要。总之，对于以行政行为作为执行名义的情形，由于该行政行为并非单纯实体给付请求权存在与否或范围的证明，而同时构成实体权利的发生原因，在行政执行制度中，行政行为可称得上具有整合行政执行救济途径的媒介功能。[②]

行政行为作为执行名义需要满足以下要件：

第一，形式要件。一定的形式，如《行政处罚法》规定的处罚决定书；合法通知，行政行为须经合法通知并因而发生效力后才能作为合法的执行名义。应有疑问的是，如果通知不合法，即该通知违反相关规定或没有相关规定时，

---

① 参见蔡茂寅等：《行政程序法实用》，台北，学林文化事业有限公司2001年版，第77页。

② 参见陈敏：《行政法总论》，2013年自版发行，第900页以下。

其将对行为的效力产生什么样的影响。对此，本研究将在第四部分详述。

第二，实质要件。行为根据法而存在，包括行政行为的执行力基础、行政强制执行的法律保留等；①行政行为内容的可执行性；行为的效力存在且基于该行为所生公法上的请求权还未因时效而消灭；行政行为的内容已是终局性的决定等。

行政行为满足以上要件即取得执行名义的资格，执行机关可依此采取措施将其实现，即可对具有规制性的行为予以执行。此执行行为的性质通常属于事实行为，但特殊情形不能不考。

在内部行政行为外部化的情形下，“外（部）化”是在何种意义上使用的，是在作为取得“执行名义”形式要件之“通知（送达）”的意义上使用，还是作为已成立“执行名义”的行政行为的一种执行之意，抑或还有其他意义？“外（部）化”一词在不同语境下会有不同的性质与意义，我们在判断争议行为的性质与法律责任时不可对此忽视。

3.3.3 救济时点与成熟原则

行政诉讼是由法院对公法关系的法律争议予以审理解决的程序。行政诉讼属于不同权力机关所实施的行政监督，与行政自我省察的复议不同，其必须有法院的介入才构成行政诉讼。但是法院何时介入才为合适呢？这涉及司法审查时点的问题。

成熟原则是指行政程序只有展到一定阶段，即已经达到成熟的程度，法院才能介入司法审查。② 该原则来源于美国的司法实践，其本身依然处于不断发展演变之中。

---

① 参见城仲模：《行政法之基础理论》，台北，三民书局 1991 年版，第 193 页以下。可执行的行政法义务的内容依行政行为发生，而不是直接依法律发生。其主要目的是避免因过度承认行政的行为形式选择自由，将不应作成行政行为的行为作成行政行为并据此强制执行，致使行政强制执行的法律保留要求“形骸化”和规范的体系架构遭到破坏。典型的例子如，行政机关能否作成行政行为，以强制行政契约相对人履行契约给付义务。

② 参见王名扬：《美国行政法》，中国法制出版社 1995 年版，第 642 页。

对于行政行为司法审查时点的控制,美国在1967年之前规定,只有等到法令具体执行或当事人成为行政行为的对象时,法院才能够进行司法审查,即某个案件成熟的条件与时点在于:行政机关作出具体的行政决定,同时此决定在法律地位问题上对当事人产生实质影响;对于抽象的行政行为,法院不能在行政机关作出行政决定且开始执行所作决定之前进行审查。美国《行政程序法》的用语为"终局行政行为"。然而,美国目前对于行政行为是否为"终局"的审查标准,是美国联邦最高法院在1967年雅培公司诉加德纳[①]判决中所确立的"成熟性原则"(ripeness doctrine)。

美国联邦最高法院的态度发生了根本性的变化,不再坚持过去那种僵化的观点,认为对于"终局"与否的判断,不应该仅从形式上加以认定,更应视实际状况加以判断。在该案中,美国联邦最高法院提出判断一个行政行为是否已经"成熟"到足以对其进行司法审查的标准:第一,审查适合性(fitness),即争点议题是否适合于进行司法审查?第二,救济必要性(hardship),即如不实时进行司法救济,是否有当事人会承受不当的困难?在审查适合性方面,争点议题必须无须进一步的事实发展加以具体化,而主要是法律上的问题;而在救济必要性方面,争议行政行为对于当事人是否已经产生足够直接与立即的影响。虽然美国联邦最高法院在雅培公司诉加德纳案确立了"成熟性原则"的判断标准,但是其具体适用需依个案判断。美国学者伯纳德·施瓦茨(Bernard Schwartz)将其中的原理概括为:"为避免过早作出判决,法院本身在行政机构

---

① 387 U. S. 136(1967).该案的事实为,美国联邦食品与药物署署长发布管制命令,要求处方药生产厂商每次在每一个药瓶上印商品名时应同时印上药品的学名。该命令的依据为《联邦食品、药品与化妆品法》(Federal Food, Drug, and Cosmetic Act),其目的在于帮助消费者更轻易地辨认药效相同的药品,以比较价格降低支出。药品制造商认为,此规定会增加庞大的印刷成本,造成过度严苛的管制,因而起诉要求法院审查此一命令的合法性。在起诉时,美国联邦食品与药物署并未因执行这一命令而对任何药厂进行处罚或吊销药品的许可。法院认为,本案中美国联邦食品与药物署的命令无须进一步地厘清争议点,该案系争命令一经发布,违反者将面临严重的民事、刑事责任,如不允许当事人在这时点请求司法审查的救济,当事人将被迫调整其原有的作业方式,或者冒着被处罚的风险以取得司法审查的机会。因此,本案的情形系争管制命令发布之后,即具有审查适合性与救济的必要性,无待于机关对于个别厂商具体个案执行系争管制命令,受影响的当事人即得对其提起诉讼,请求司法审查。

作出最终行政判决之前以及当事各方实际承认判决的有效性之前,都参加了抽象行政政策的理论讨论,并保护政府机构不受法院制裁这样的决定干预。”如果受指控的行政行为已经“成熟”到了可由法院进行审查的程度,则法院可予受理并进行相应审查;如果尚未“成熟”到可由法院进行审查的程度,则法院受理时机尚早。① 这一原则对于平衡行政权与司法权的关系很有创见:一方面,根据行政权的单方性、强制性、主动性的特点,使司法对其制约的标准与时机有了明确性;另一方面,我们仍然需要坚持谦虚的司法态度,在使用管辖权限制行政权力的目的时,应确保其不影响行政权力的正常行使,从而达到公共利益的满足。

美国作为普通法系国家实行的是一元救济模式,其对于行政机关行为的性质判断问题没有大陆法系国家和我国如此突出。所以,对于救济时点的问题解决,我国可能要进一步参阅大陆法系国家和地区的做法。

对于司法审查的时点问题,德国的做法是等待最终决定作成之后,将其定性为行政行为,并以此为行政救济时点的制度设计,学说上称之为“集中式权利保护”。对此,从德国《行政法院法》第 44 条之 1 的规定②可以得知,德国主张在决策作成流程中即打开可以争讼时点的看法,学说上称为“阶段特定权利保护”。主张“阶段特定权利保护”的人认为,现行的制度起源于早期德国行政法生成时的背景,而当时主要的行政法参照领域如《警察法》《建筑法》,其行政决策之作成所涉及的机关以及流程与现今相比较已在很大程度上变得简单。在当今的环境法或经济法领域,经常牵涉多个机构,波及许多人,利益的相互作用相对繁杂。若坚持“集中式权利保护”主张可能不合适。在行政决策过程的第一段中已经确定了许多与保护个人权利有关的问题,因此,在整个决

---

① 参见[美]伯纳德·施瓦茨:《行政法》,徐炳译,群众出版社 1986 年版,第 478 页。

② 参见[德]平特纳:《德国普通行政法》,朱林译,中国政法大学出版社 1999 年版。德国《行政法院法》第 44 条规定,原告人可以在同一诉讼中提出数个诉讼请求,只要该等请求是针对同一个被告,请求之间有关联,并且同一法院对该等请求有管辖权。第 44 条之 1 规定,针对行政当局程序行为的法律手段,仅允许与针对实体决定的法律手段同时采取。这点不适用,如果行政当局的程序行为可予以执行或针对一个未参与者。

策过程之后，人们会质疑该过程先前各阶段的合法性，这通常很不方便。目前，德国法律和实践界原则上采取“集中式权利保护”立场。然而在面对行政决策过程越趋复杂，且呈现阶段化的现象时，德国在一些许可程序中就行政行为的概念透过立法发展出了部分许可的观念，其中又区分预备决定、第一次部分许可、第二次部分许可等，整体暂时肯定判断等。其中预备决定限于个别的许可要件，对于各该许可要件是终局并具有拘束力，其本身为一行政处分，预备决定常见于设施设立地点的决定；部分许可亦为行政处分，其与预备决定之不同在于预备决定为对于个别许可程序重要问题之确认，部分许可为关于具体之建筑部分之许可，开发单位可据以开始建筑之活动。整体暂时肯定判断为原子能法领域之行政行为之形式，其仅为暂时性之审查，许可机关原则上受其拘束，而此种对于裁量之拘束会随着计划中逐渐产生的部分许可增强。然而由前述概念之发展与设计来看，其主要目的是降低不确定性，保障相对人实体权利。①

再回到本研究中的内部行政行为问题，法院能否以及何时能够对其进行司法审查呢？“成熟性原则”是否适用于该问题？在我国的《行政诉讼法》中不能找到“成熟性原则”的相关规定，但笔者在前述中有提到《行诉解释》第1条第2款第10项“对公民、法人或者其他组织权利义务不产生实际影响的行为”的含义，即对于还在程序进行过程中的行为，由于其还不是终局性的决定，没有给公民的权益造成实际不利影响，法院将其排除在行政诉讼受案范围之外。由此可以看出，该条中即蕴含着“成熟性原则”的精髓。就此我国可将“成熟性原则”表述为：“被指控的行政行为只有对行政相对人的权利义务产生了实际不利影响并适于人民法院审查时，时机才算成熟，行政相对人才能提起行政诉讼，人民法院才能进行审查。”②依此，并结合笔者整理的案例，可以对内部行政行为作出界分：涉及公民权利义务的行为和无涉公民权利义务的

① 该内容与学说的发展，参见许登科：《行政程序中程序瑕疵之法律效果——从德国法制经验谈起》，台湾大学法律学研究所1998年硕士学位论文，第29～36页。

② 参见石佑启：《在我国行政诉讼中确立“成熟原则”的思考》，载《行政法学研究》2004年第1期。

行为。前者属于可以纳入行政诉讼受案范围的一类。然而，对于如何判断一个具体的内部行政行为是否对公民的权利义务产生了实际影响，或许“外（部）化”的引入对此有所助益。按照前述，“外（部）化”自身依然有待进一步完善的需要。

3.3.4 反射利益与保护规范理论

3.3.4.1 反射利益

在我国行政诉讼制度体系中，原告资格这一问题长期以来饱受争议。我国关于原告资格所依赖的利益关系的“法律用语”有一个变化的过程，从1989年《行政诉讼法》到2017年《行政诉讼法》，从起先的笼统模糊规定逐渐精细化为“行政行为的相对人以及其他与行政行为有利害关系的公民、法人或其他组织”。这个变化过程表明原告的起诉资格得以扩展，对原告资格的不当限制已经取消。[①] 总体而言，原告资格呈现出逐渐放松的趋势，而由于法律的修订，确定原告资格的“利害关系”已成为重点标准。《行政诉讼法》第25条第1款“行政行为的相对人以及其他与行政行为有利害关系的公民、法人或者其他组织，有权提起诉讼”规定行政诉讼的原告应当与该涉诉行政行为有利害关系。由此可见，是否具有利害关系是当事人能否提起诉讼的重要因素。这一规定是行政诉讼原告资格认定标准由“法律上的利害关系”向“利益相关”的转变。之所以作出这样的调整，是因为在客观上，以“直接利害关系”为标准时，“行政诉讼原告仅限于行政相对人”，不同的人对“法律上的利害关系的理解不同，仍会对公民的起诉权利产生限制作用”。根据全国人大常委会法工委行政法室的解读（以下简称权威解读），立法过程中的“利害关系”之所以在与“法律上的利害关系”“直接利害关系”的竞争中胜出，是因为它不仅“有助于司法实践根据实际需要，将应当纳入受案范围的行政争议纳入受案范围”，还有助于

---

① 参见江必新：《中国行政诉讼制度之发展：行政诉讼司法解释解读》，金城出版社2001年版，第33页。

“根据实际需要”扩大行政诉讼的原告范围。[①] 但是，该权威解读接着又指出：“当然，这里的‘利害关系’，也并非漫无边际，需要在实践中根据具体情况作出判断。”[②]

何为“利害关系”？无论是《行政诉讼法》还是《行诉解释》，均未对此有详细说明。有“官方解释”认为，“利害关系”指被诉行为对自然人和组织的权利义务“已经或将产生实际影响”。[③] 但理论上对于利害关系的判断并不统一。[④]

这些解释似乎对界定公民权益的边界无太大实益，但因为学术界尚未形成对“利害关系”的普遍理解的解释和分析框架，其在具体的案件中如何操作依然有很大的解释空间。到底什么样的权益才是“利害关系”？这种利害关系的程度如何？哪些行为影响了什么样的权益才能被纳入行政诉讼的受案范围？这些问题是对“利害关系”的探究及其解释基准的问题。

实践表明，法院在适用“利害关系”判定原告资格时依然希望通过“直接关联”或者“实际影响”等理论来进一步明晰该适用标准，从而导致判定标准再落入到“直接联系论”或者“实际影响论”等二级概念中。司法实务界广泛存在将“实际影响”直接等同于“利害关系”的做法。例如“刘某明诉张家港市人民政府行政复议再审审查与审判监督案”（以下简称“刘某明案”）的第一审行政判决，江苏省苏州市中级人民法院于 2016 年 9 月 13 日作出（2016）苏 05 行初 59 号行政判决，驳回刘某明的诉讼请求。一审法院认为，案涉 823 号通知书是职权机关依法对申请人申请备案的项目是否符合备案条件进行审查后作出的行政行为，是建设项目的备案行为，该行为的利害关系人是备案申请人

① 参见王天华：《有理由排斥保护规范理论吗？》，载《行政法学研究》2020 年第 2 期。

② 全国人大常委会法制工作委员会行政法室编著：《中华人民共和国行政诉讼法解读》，中国法制出版社 2014 年版，第 73 页。

③ 参见最高人民法院行政审判庭编：《〈关于执行《中华人民共和国行政诉讼法》若干问题的解释〉释义》，中国城市出版社 2000 年版，第 26 页。

④ 有观点认为当事人之权利义务只要受到行政机关行政行为的实际影响，就具有一定的利害关系，具备原告资格，而不论直接影响或间接影响；有观点认为只要行政机关的行政行为对公民、法人或者其他组织的合法权益造成不利影响，即具利害关系；还有观点认为公民、法人或者其他组织的合法权益所遭受到不良影响与行政机关的行政行为之间具有因果关系，即可产生利害关系。

金某某公司,对他人合法权益没有直接影响。仅凭告知书无法实施开发建设的金某某公司,在开工建设前还必须按照法律规定,进行土地、环保、规划等各个环节的程序。故刘某明与823号通知并不具有利害关系,其提起的行政复议申请不符合《行政复议法实施条例》规定的受理条件。[①] 无论是采信“直接联系论”,还是采信“实际影响论”,原告资格的认定都影响了其判断标准的合理性和客观性,使法院不自觉偏向于主观,并导致法院在具体适用时在判断原则、规则以及方法的选择上存在任意性。

对于行政诉讼“利害关系”的判断,不能不关联“反射利益”并作出区分。反射利益的概念是由德国学者加本于1852年在《公权论》一书中首先提出来的,是与“公权利”相对照的概念。之后,比勒将“反射利益”精细化阐述为:公法规范以维护公共利益为主要目的,公民因公法法规或行政活动而享受利益不一定是公法上的权利;只有当公法法规以保护公民个人利益为目的,并且其内容对行政机关具有强行性(排除自由裁量权)时,公民才享有公法上的权利,否则仅是反射利益。巴霍夫进一步将其提炼为:从法律条文的字面含义并结合立法意图来判断法律保护的利益范围;法规为谋求具体而可确定的个人利益(不一定是特定个人利益),可以理解为法律保护私人的利益。[②] 因此,反射利益是客观法律基于公共利益的目的,指示行政实体采取或不采取行动时,应仅反映其效果。公民实际享有的利益不会提供给利益相关者,也不会在投票权中主张自己的利益,与主观公权利不同。区别“公权利”与“反射利益”之最终目的是判断公民提起诉讼时有无具备诉讼权能,“权利义务受影响”的才有诉讼权能,仅只有“反射利益”的,则欠缺诉讼权能。行政机关违反公法上的作为义务或懈怠行使法律所赋予的规制权限时,反射利益论常成为阻碍国家或公共团体的行政责任转化为法律责任的强力绊脚石,于法解释论上有达成否定不作为国家责任的机能。

---

① 刘某明诉张家港市人民政府行政复议再审审查与审判监督案,最高人民法院(2017)最高法行申169号行政裁定书。

② 参见何海波:《实质法治:寻求行政判决的合法性》,法律出版社2009年版,第215页。

这种传统的“公权利”与“反射利益”的二分法，对作为区别撤销诉讼的诉讼权能有相当的简便之处，但对个人权益的保障则欠周延，且与权利思潮的发展相悖。[①]“理论的危机来源于它在方法论上的笨拙，将公民的权利与法律规定挂钩已经成为法律发展的紧身衣。而在公民诉讼保护范围日益扩大的时代，这件紧身衣已经被撑得难以为继了。”[②]因保护规范理论的采用而有所松动，依此一理论认定行政行为有无损害个人的权利或利益，不再局限于非权利即反射利益的选项标准，如法律规范的目的虽是为公共利益或社会福祉而设定的，但是基于法律的总体结构、适用对象、理想的监管效果以及对社会发展因素的综合判断，可以看到特定人的意图也受到保护，则个人主张其权益遭受损害，亦为法之所许。[③]“公权利”通过“反射利益”被区分，即须有法律的明文规定，在具体个案中是否存在，对此，判断上比较容易。然而“合法权益”中除公权利部分外的“利益”是未经法律明文规定而经由法规的解释得出来的，对于其在具体情况中是否存在，判断上比较困难，因其抽象性与“反射利益”概念相同，二者的范围与分界均须通过解释论的操作才能确定，且概念本身也随时代的社会、经济状态的进展而富有变动性，其内容也常因解说者的不同而存有差异。

为明确二者的概念范畴，学说继受了德国学界与法院采用的“保护规范理论”作为区分的基准。保护规范理论主张，公法规范中的相关规定必须有保护私人利益的意旨，如此才能认定该规范当中存在主观公权利。此理论产生后，公法规范与主观公权利之间处于相分离的状态，对二者需要进行独立辨析，同时也为主观公权利的认定提供了依据。

布勒于 1914 年提出了保护规范，在此之前，德国公法大师耶利内克在他的《主观公法权利体系》一书中完成了主观公共权力的系统构成。耶利内克将主观公共权利定义为由法制所承认和保护的针对益和利益的意制权力，它不

---

① 参见吴庚：《行政争讼法论》，1999 年自版发行，第 111 页。

② 何海波：《实质法治：寻求行政判决的合法性》，法律出版社 2009 年版，第 215 页。

③ 参见吴庚：《行政法之理论与实用》，台北，三民书局 2000 年版，第 628 页。

仅是私法主观权利理论在公法的延伸,是对公民具有相对于国家的权利主体地位的承认,还是对此前主流认为公法只是客观法秩序的“公权否定说”观念的彻底挑战。由于这打破了国家与个人之间的传统权力关系,并将该传统权力关系视为权利与义务之间的法律关系,因此,主观公法权利在现代宪法中被认为非常重要。①

如依该理论,“反射利益”与“利益”的区别不应仅止于探求制定法规范立法者的主观意思,还应从客观的解释理论出发,透过客观的法律意旨的探求,以解释法律的客观保护目的。换言之,第三人的利益是否为法律所保护的利益,不应仅就授权法规是否已明确表示具有保护特定人或能够特定之人的目的为判断准则,而应就授权规范整体法秩序予以探求,如果从规范行政机关义务的整体法秩序中得以发现除公共利益的保护外,也兼含有保护或增进特定或能够特定公民利益的作用与目的,即属于“保护规范理论”。哈特穆特·鲍尔指出,保护规范理论实际上是通过客观法规范的解释来论证主观公权是否存在的,是解释的方法、规则和推定的集合,但解释的方法具有不确定性,解释的结果具有多样性。鲍尔所提出的替代性理论,如法律关系论,并未完全否定保护规范理论的“规范性”,仅是通过事实要素的增补来扩大可供寻找的、依赖于调整具体行政法律关系的所有规范材料、强化对规范的客观法律规范的范围。在当下,保护规范理论底色不变,万变不离其宗,历久弥新,究其原因,就在于保护规范理论具有客观性、规范性等特征。② 尽管主观公共利益的判断是基于对客观法律和规范的客观保护,且自布勒时代以来就没有改变,但保护规范的准则在发展过程中经历了起伏。这种解释具有主观和客观的观点及各种各样的差异,保护规范理论分为旧的保护规范理论和新的保护规范理论。③

---

① 参见[德]格奥格·耶利内克:《主观公法权利体系》,曾韬、赵天书译,中国政法大学出版社2012年版,第40~41页。

② 参见[德]哈特穆特·鲍尔:《新旧保护规范论》,王世杰译,载《财经法学》2019年第1期。

③ 就保护规范理论的相关内容,参见赵宏:《保护规范理论的历史嬗变与司法适用》,载《法学家》2019年第2期。

3.3.4.2　保护规范理论

3.3.4.2.1　旧保护规范理论

旧保护规范理论以探求立法者真意为出发点,即从主观方面进行解释,认为立法者如果在法规上具有保护个人利益的目的,那么该规范足以作为主观公权利的依据。

德国学者耶利内克曾提到,单纯根据法律原则或解释尚不能推导出主观公权利,法规是否赋予个人利益决定着主观公权利的标准,而决定个人利益的赋予者是国家立法者。这种学说认为在决定法规是否具有保护规范的性质时,完全由立法者的意志来决定,同时,人民并没有积极请求立法的权利。[①]

在德国法中,布勒的理论被称为旧保护规范理论。布勒客观法是由客观法的"利益方向"定义的。显然,保护个人利益(如国家机构的准则被排除在主观公共权利的基础外)不是客观规则,被排除在主观公权利的依据之外;那些明显为了保护个人利益的规范,例如,保护公民财产和人身自由的基本权利规范,当然地作为主观公权利的依据。在这两类规范之外,必然还有部分规范在"规范目的是否是保护个体利益"这个问题上难以辨识、充满争议。根据布勒的说法,如果准则实际上旨在保护个人利益,或者至少在无法预见其他可能性的情况下,可以确认目标。保护个人利益的规范是适当的主观公共利益的基础。同时,他认为,在以这种方式解释客观规范时,优先权仍然是立法者的主观意图。只有在模棱两可的区域中,才能客观地测试某项立法是否真正保护了个人利益。

布勒的公权理论可谓保护规范理论的始源形态,自布勒开始,保护规范理论成为私人公权存否以及行政诉讼原告资格认定的核心方法。[②] 但是,在布勒的理论中,更多的是对"客观规范是否能作为主观公权利的基础"问题的分析

---

① 参见李惠宗:《主观公权利、法律上利益与反射利益之区别》,载台湾行政法学会编:《行政法争议问题研究》(上),台北,五南图书出版公司2001年版,第145~146页。

② 参见王世杰:《保护规范理论的始源形态——布勒公权论的再认识》,载《行政法学研究》2021年第1期。

和阐释,并未提出对应的解决办法。学者们纷纷从此角度出发,将“旧保护规范理论”推向了“新保护规范理论”。

3.3.4.2.2 新保护规范理论

德国学者引用了以施密特·阿斯曼(Schmidt Asman)为代表的各种学者对保护理论的新的综合总结,即所谓的“新保护规范理论”。新保护规范理论也被称为“现代保护法规”,与旧的保护监管理论是一致的,两者都将客观规则作为主观权利的前提,而这一客观规则不仅需要保护公共利益,还需要保护个人利益。新保护规范理论的含义是客观地解释,以找到法律的客观含义。这种解释必须考虑到总体法律法规、有效保护和目的的规定以及一般解释的法律方法。基于这种解释,特定的法律地位并不一定是传统权利,即反射利益,并且存在“价值保护利益”的中间类型。换言之,只要利益包括有价值的公民保护,政府机构就负有达到合格和个人受益状态的客观义务。公众不应忽视该利益宝贵的保护,当公共利益和私人利益整合时,人们拥有主观的公共权利,主观的公共权利得到了扩大人们具有要求不被拒绝的权利,新保护规范理论提供了保护人身权利的基础。① 如重新建构保护规范说的代表施密特·阿斯曼认为,其重点有二:第一,将保护规范的认定从立法者的意思中解放出来,建立新的解释方法;第二,保证保护规范说与基本权理论之间的整合性。保护规范理论权利认定的程序如下:第一,规范的保护目的,若不能证明该规范为规范制定者的唯一意思,即不应将此种意思优先作为根据。第二,规范的保护目的有时不是来自规范本身,只有探求存在于规范周边的一群规范构造才能获得。但存在其周边的规范群一方面赋予其权利根据,另一方面也可能妨害权利成立。第三,探求保护目的时,基本权以基本权的保护规范架构内之效果明确其价值,并建构其体系。② 作为保护规范理论最重要的应用领域,相邻权

① 参见李惠宗:《主观公权力、法律上利益与反射利益之区别》,载台湾行政法学会编:《行政法争议问题研究》(上),台北,五南图书公司2001年版,第146~147页。

② 参见[德]施密特·阿斯曼:《行政法总论作为秩序理念——行政法体系建构的基础与任务》,林明锵等译,台北,元照出版有限公司2009年版,第88页。

人诉讼自不待言，建筑规划领域的三边和多边关系能够最清晰地反映出施密特·阿斯曼所倡导的“分配行政”理念。这类诉讼的典型结构是，行政机关向相对人颁发建筑许可，其相邻的人因建筑许可所允许的建筑行为认为自己的权益将受到损害，故诉请法院撤销行政机关对相对人的授权决定。虽然诉讼请求都是撤销系争行政行为，但相对于行政相对人针对行政机关对其直接作出的负担决定而提起的撤销之诉，这种诉讼可以称为撤销之诉的“亚型”，德国法律也称其为第三人撤销之诉。①

事实上，保护规范理论的发展历程并非“新”“旧”二字所能够划分清楚的，其从出现到现今的发展过程是十分复杂的。如今的保护规范理论与布勒时代的理论已不完全相同，而是“踩在巨人肩膀上”的新理论。其不仅在理论表述上兼收并蓄了部分行政法重要理论，还在适用范围上根据实践及理论的发展逐步作出了调整。② 但与旧保护规范理论相同，新保护规范理论至今并未形成一套完整的、稳定的适用基准，其理论中囊括了大量的不确定法律概念，导致新、旧保护规范理论一直与“混乱”“不安定性”并存，这也是反对者质疑保护规范理论最主要的原因之一。尽管如此，新保护规范理论还是一直致力于改变这一状态，在某种程度上拒绝历史解释，主张站在不同背景下客观地评价法律规范所保护的利益，而不是以立法者的立法原意为导向。新保护规范理论的这一理论指向并没有完美地解决现实中的理论适用于实践的问题，究其根本，除了作为理论基础的法律概念的不确定性，理论本身所引发的一系列

---

① 参见赵宏：《保护规范理论的误解澄清与本土适用》，载《中国法学》2020 年第 4 期。

② 参见赵宏：《保护规范理论的历史嬗变与司法适用》，载《法学家》2019 年第 2 期。这一点尤其表现为：在德国的基本权利法教义学型塑完成后，因为“一般自由权和防御权”理念的普及，只要诉讼原告是“行政干预性措施”的相对人，就足以证明其主观权利受损，而无须再寻求一般法依据。保护规范理论的实践场域也因此移转至行政法中的第三人保护问题上。在德国法上，第三人保护问题又突出体现于邻人诉讼和竞争权人诉讼中，但当事人无法直接诉诸宪法基本权利获得保障，因此就需要论证第三人保护所涉及的客观法是否以及在多大范围内赋予了特别人以特别利益的保护。对此，法律适用者必须找到相应的连接点，例如规范的目的设定、产生过程、体系位置、甚至是欧盟法的规定来确定规范的保护指向，而对这些连接点的演绎生发和拓展阐释也使保护规范理论始终处于发展历程中，并保持了相对持久的生命力。

法律问题也让反对者质疑。例如,有法官在相邻权保护问题上引用保护规范理论,结果却在一个不确定理论的基础上发展出了更为冗杂的判断标准,因此有学者认为保护规范理论是许多与主观公权利有关的"莫须有"的法律问题的根源,亟待理论调整,甚至有学者认为在主观公权利的判断上不应再适用保护规范理论。

回归到本课题研究所探讨的"内部行政行为外部化"的问题上,国家为公民的利益而存在,行政机关应为公民基本权的实现而存在,在讨论法规是否具有保护规范性质时,应参酌行政机关存在的目的。新保护规范理论虽存在种种弊端,但相比较来看,其显然较符合现代民主法治国家的精神,公权利的概念也已朝向新保护规范理论发展。

3.3.4.3 保护规范理论在我国审判中的真正引入

保护规范理论自提出开始,历经方法的变迁、规则的调整和重心的转移,并逐渐形成架构完整的理论体系。我国行政审判于 2017 年明确采用保护规范理论,并将其作为判定原告资格的重要基准。保护规范理论的引入不仅打破了我国行政诉讼原告资格认定的乱象,使原告资格的认定思路与步骤有迹可循,还使原告合法权益的保障不再局限于法律的明确列举,而转向了对行政决定所涉及的客观法规范的保护意旨的解释。

提及中国行政诉讼领域纳入的主观公权利与保护规范理论这一域外裁判路径,典型判例肯定绕不过"刘某明案",此案是主观公权利标准在我国行政法领域的发展始端,同时也起到了标杆作用。在理论研究的道路上,2014 年《行政诉讼法》修订时第 25 条对"利害关系"标准条款的设定,可以看做为保护规范理论在我国适用铺设的基础性法律规范。《行诉解释》第 13 条规定:"债权人以行政机关对债务人所作的行政行为损害债权实现为由提起行政诉讼的,人民法院应当告知其就民事争议提起民事诉讼,但行政机关作出行政行为时依法应予保护或者应予考虑的以外。"这是继"刘某明案"之后,最高人民法院出台的、明确导入保护规范理论的条款(司法解释)。主观公权利和保护规范理论并不是代替"利害关系"标准的司法选择,且在立法上我国目前仍在原告资格认定问题上坚持“利害关系”标准。引进公权利和保护规范理论意在联结行政实体法与行政诉讼法，在立案审查阶段，行政争议是否属于被诉的行政行为时，应当综合考虑、尊重、保护公民、法人或者其他组织的权益和法律上的利益范围，从整体和客观的角度把握起诉人或者原告诉请保护的权益。因此，司法机关在系统全面查找保护规范后，应运用法律解释方法集合在具体个案中判断原告有无主观公权利，亦即查明系争行政行为的根据规范以及与根据规范具有相同目的的行政法律规范中是否含有“个人利益保护指向”，从而肯定或者否定起诉人或者原告的主体资格，判断其是否与行政行为具有“利害关系”。[①]

在“刘某明案”中，最高人民法院首次以较长篇幅阐释保护规范理论，并将其作为判断利害关系的重要参考。现在看来，“刘某明案”是我国最高人民法院对引入保护规范理论的大胆尝试，虽说此案并非毫无瑕疵，但其中所蕴含的法律解释方法及适用方法将保护规范理论在我国行政司法实践中从引入阶段迈进到解释及适用阶段。

3.3.4.3.1　“利害关系”判断结构

“利害关系”在我国的发展脉络为：1989年《行政诉讼法》中并未使用“利害关系”这一表述，而是采用了具体行政行为与合法权益产生直接联系的标准来判断；2000年《执行行诉若干解释》中，最高人民法院将“法律上的利害关系”解释为“行政机关的具体行政行为对公民、法人或者其他组织的权利义务已经或将会产生实际影响。这种利害关系，包括不利的关系和有利的关系，但必须是一种已经或必将形成的关系”[②]，即“实际影响论”。这两个判断标准并不能将“利害关系”严密地包含其中，法官裁判过程中仍旧是在一个模糊的理论框架中进行摸索。而“刘某明案”中，法官跳出了陈旧的理论框架，在法律所

---

① 参见赵宏：《中国式保护规范理论的内核与扩展——以最高人民法院裁判为观察视角》，载《当代法学》2021年第5期。

② 最高人民法院行政审判庭编：《〈关于执行《中华人民共和国行政诉讼法》若干问题的解释〉释义》，中国城市出版社2000年版，第26～27页。

容许的范围内理出了“利害关系”的判断方式。

在“刘某明案”中,法官首先将“反射利益”排除在“利害关系”之外,同时将“利害关系”限于公法上的“利害关系”,强调从“是否要求行政机关考虑、尊重和保护原告诉请保护的权利或法律上的利益”来判断所依据的行政实体法是否以保护行政相对人的利益为要旨,进而判断原告资格问题,打破了我国传统行政审判中“原告主张权益应属于行政诉讼法明确列举”的僵化认识。对于如何判断实体法规范的立法意旨,有学者从“文意解释局限性”、“体系解释必要性”及“目的解释扩张性”三个方面进行了详细阐述。总体而言,最高人民法院针对“刘某明案”在“直接联系论”和“实际影响论”之后,提供了新的“利害关系”判断结构:第一,限于公法上的“利害关系”;第二,原则上,行政机关应当考虑、尊重和保护的权益应当是由法律明确规定的;第三,行政机关作出行政行为所依据的行政实体法要求行政机关考虑、尊重和保护特定的、个别的公民、法人或者其他组织的权益。①

3.3.4.3.2 保护规范理论引入的意义

“刘某明案”中,法官对于“利害关系”这一概念的判断思路一改之前粗略地将“利害关系”等同于“不利影响”的理论误区,开拓性地在判决论证中引入了保护规范理论及主观公权利的概念,是我国行政审判在原告资格认定方面的重大突破,带来了较多积极影响。

第一,为我国行政诉讼原告资格认定提供了理论支撑。在此之前,我国行政诉讼原告资格认定处于“摸着石头过河”的经验探索阶段,没有相关理论作指导。“刘某明案”的判决思路转变思维方式,将关键点从“利害关系”判断转变为主观公权利有无的判断,借助保护规范理论与主观公权利的交锋,为原告资格认定问题提供了理论基础。

第二,有助于纠正我国《行政诉讼法》的诉讼功能定位。我国《行政诉讼

---

① 参见章剑生:《行政诉讼原告资格中“利害关系”的判断结构》,载《中国法学》2019 年第 4 期。

法》的诉讼功能定位为“保护公民、法人和其他组织的合法权益”和“监督行政机关依法行使职权”，二者并重。可以看出，我国《行政诉讼法》的整体功能定位过于宽泛和模糊不清，导致在此指导下的制度及规范条理不清，甚至各执一词，对法律体系的统一性和法律问题处理方法的同一性造成了冲击。最高人民法院在“刘某明案”中引入保护规范理论，意在强调诉讼的目的首先在于保障公民主观权利，能够起到纠偏的作用。

第三，案件中引入主观公权利和保护规范理论，改变了一直以来对原告权益保护有关法律规范的解读，使我国行政诉讼制度不再将原告的合法权益局限于法律明确规定的范围内。保护规范理论引入之前，我国对利害关系的判断是将其等同于不利影响，这一思路没有厘清行政诉讼所保护的权益类型和范围。在这一判断思路的影响下，学界对原告合法权益保护范围的总结往往也局限于《行政诉讼法》及其司法解释中的明确规定，如人身权、财产权、相邻权、公平竞争权、企业经营自主权以及受教育权、就业权等。而在保护规范理论引入之后，原告权益是否受法律保护不再取决于该项权益是否被明确列举于《行政诉讼法》及其司法解释中，而取决于该项权益是否符合被诉行为所涉及的行政实体法规范的解释。将实体法规范的解释与复杂的实践情况相结合，厘清应予保护的主观公权利，能够使权利保护不再僵化地套用条文规定，督促法官在判决时借助相关理论进行充分论证，打破现存的照搬法条、说理匮乏的现状，从而在长时间的探索积累的基础上，逐步完善保护规范理论在我国行政诉讼原告资格问题中的论证，直至定型。

3.3.4.3.3 保护规范理论引入行政审判后的适用问题

“刘某明案”是我国行政诉讼原告资格认定问题的“分水岭”，具有重要地位。此案出现后，多数法院在有关原告资格的判决中选择引用保护规范理论进行论证。在一直以来对原告资格没有清晰完善的认定标准的情况下，以主观公权利代替“利害关系”作为原告资格的认定标准被法院迅速接受是情有可原的。虽然在“刘某明案”中法院强调，对作为被诉行政行为依据的实体法规范的解释，不宜完全以条文文意为限，需参考立法宗旨、立法目的以及作出行政行为的内容、性质、目的从整体上进行解释，但纵观“刘某明案”之后法院有关原告资格问题的判决，对保护规范理论的适用还是较为保守、严苛的，这在一定程度上弱化了保护规范理论原本所能起到的作用。

法院对保护规范理论的严格适用与法院一直以来以“利害关系”作为原告资格的认定标准具有一定关系，其考虑的是理论适用背后的滥诉问题。事实上，原告资格确认问题的核心是如何在保护当事人诉权和防止滥诉之间予以权衡，而保护规范理论正是这两个冲突目标之间的平衡器。保护规范理论强调国家的客观法义务与公民的主观公权利，强调将主观公权利诉诸客观法规范的“个别利益保护指向”，并最终将其转化为法解释问题。保护规范理论的这一特性使审判者在理论适用中既有完整固定的思维方式，又能在一定的弹性范围内对实际情况进行衡量。具体来说：一方面，保护规范理论在具体案件中为法官提供了对原告利益保护的固定思维进路和认定框架，避免了法官面对此问题的主观臆断和“造法”现象；另一方面，由于保护规范理论将利益保护问题转化为法解释问题，借助于解释规则的开放性，法院在权利保护问题上有尊重实际，甚至超越理论的探索空间，从而从侧面推动了理论与实践的结合。但这二者之间的界限是模糊的，如何在“权利保护”与“法解释”之间寻求平衡，需要审判者对行政诉讼整体及目前对权利保护现状作出判断，进而精准拿捏。保护规范理论的适用在我国尚不成熟，同时对其的适用又具有保守性，长远来看不利于充分发挥此理论在原告资格认定问题上的积极影响。因此，我国当下更应该对保护规范理论进行更深入的研究、更深刻到位的理解。只有把握了理论真义，才能在预防滥诉和权利保护之间寻得平衡，才不至于因为严苛适用而抵消了理论本身的积极意义。

总的来看，保护规范理论为我国行政诉讼实践中的原告资格认定、利害关系等法律问题提供了崭新的思路和方向指引，本课题研究所探讨的“外部化”后的内部行政行为作为行政行为的一种样态，与正统的（外部）行政行为相比，二者不论是在性质、法律适用还是在救济上，皆可能因“利害关系”的紧密程度而存有不少差异。“反射利益”与“保护规范理论”两则法理虽然在学说中已渐成熟，但在具体个案审查中如何将其加以妥善运用则需要法官的智慧，同时应将德沃金关于“认真对待权利”的呼吁牢记心中。[①]

---

① ［美］罗纳德·德沃金：《认真对待权利》，信春鹰、吴玉章译，中国大百科全书出版社1998年版，第7章、第12章、第13章。

4 “外部化”的框架性解释：一个亟待沉淀的理论真义

通过对于“外(部)化”的存在观察，探知了“外(部)化”在司法实务中存在实益，但同时其所引发的疑虑也不一而足，有的是基于行政诉讼制度的思考，有的是基于理论学说的观察，有的是基于司法实务的混乱，其中并非全无道理，然而最关键的是因为对“外部化”的概念与层次没有进行精确定位。此问题的复杂性不仅在于“外部化”的文义阐述，还涉及问题的进阶思考，亦即本研究所提炼的基础假设——“外部化”作为扩张受理依据应具备一定的构成要素，且与一般文义有不同界定，乃至更具诉讼程序上的深层含义。若此一进阶思考(或假设)有其合理性，则此“外部化”应已非前述相关文义或概念上的一般性界定，而应就其本质内容——尤其是行政诉讼过程中——为根本且全面性的探究，并论述其基础理论与精确内涵等，从而提升行政诉讼学理的深化及法院实务的精确性。

在此思维下，笔者以规范域的动态发展为依托，结合相关学说的观点与立场，以类型化实践为参照，依循法院的审理思路和关注点，为寻求归纳“外部化”的构成要素作出进阶性的阐释推论。

4.1 “外部化”的理论基础

4.1.1 权利救济理论

“有权利，即有救济”的法理名言告诉我们权利的有效存在需要救济制度的保驾。所谓救济制度，即是在法规范应该保护的权利、利益受到侵害时，应赋予法院的救济手段的制度整体。虽然依法行政是行政法的重要原则，但行政主体的权力特性和优越地位势必会引发违法乱象的发生，导致相对人的权利受到不同程度的压缩和毁损。这就需要以保障公民权利为目的的行政救济制度。而救济制度的完善不仅需要设置救济体制与机关，还要求救济的“概括性与实效性”。①

“权利救济的概括主义”是《宪法》上的原则，在具有值得法规范进行保护的利益时，就应该赋予国家的救济以追求无漏洞、实效的应有状态。这就是《宪法》的要求：概括性、实效性的权利保护。按照施密特·阿斯曼的理解，它具体有三个基本要求②：第一，完整的权利保护要求；第二，个别的权利保护要求；第三，有效的权利保护要求。所谓“完整的权利保护要求”，是指开放法院救济渠道，当公权力侵害个人权利时，尽可能无漏洞地进行权利保护，原则上无免于法院审查的高权行为。只有宪法本身才能例外地将某些特定的高权行为免除于法院保护之外。立法者亦不得规定免受法院管制的国家行为。“个别的权利保护要求”是指法院有除去受侵害的起诉人受侵害状态的任务。依德国法律的体系架构，德国行政法院的审判制度首要是保障主观的权利，其次才是行政的客观性控制。“有效的权利保护要求”是指公民有权利要求法院事实上为有效的控制。其基本要求如下：首先，法院控制的深度。法院必须探求其所适用的法律概念，应依据法院完全审查原则判断，或是属于行政裁量或判断余地的例外情形。其次，法院审查程序的实效性。应提供预防性权利救济、暂时性权利保障、适时性权利保障以及权利救济途径。

行政诉讼法作为公民权利救济中的关键一环，更应在相当程度上明确“权利救济的概括主义”原则的适用或准用的规定。但“宪法”的保障不局限于

① 以下有关权利救济的概括性与实效性理论，参见阙铭富：《行政诉讼权保障之现代意义》，台湾政治大学2011年博士学位论文，第41页以下；章剑生：《现代行政法总论》，法律出版社2019年版，第313页以下。

② ［德］施密特·阿斯曼：《宪法理念对行政诉讼之影响》，林明锵译，载翁岳生教授祝寿论文编辑委员会：《当代公法新论》（下），台北，元照出版有限公司2002年版，第378～397页。

“行政诉讼法”规定的框架。“宪法”将行政诉讼制度的内容通过“行政诉讼法”加以规定虽存在一定的立法裁量,但违反“宪法”要求的行政诉讼法规无效,同时对于“行政诉讼法”进行解释时也必须考虑“宪法”的要求。在行政诉讼中,“概括性的权利保护”的要求是在公民与行政之间发生法律上的争讼时,公民可以向法院请求权利保护;而“实效性的权利保护”的要求是在公民权利利益受到侵害时,必须确保通过诉讼途径予以救济的实效性。前者指提起诉讼的可能性,后者指救济结果的有效性。其与行政诉讼的具体关系如下:

第一,概括性的权利保护与行政诉讼。当行政权侵害公民的权利与利益时,公民应获得行政诉讼任何类型的救济,不得出现救济途径的空白。即使是现行法上尚未实现的基本权诉讼,也可创设;各救济领域要与现代化的需求联动,不得欠缺救济的途径,要求诉讼类型多样化、原告适格的扩大、暂时救济的建构和处分性及公定力的彻底检讨。

第二,实效性的权利保护与行政诉讼。行政诉讼的目的是救济公民的权利与利益,必须是有效的救济,不仅救济范围无缺漏,救济的质量也应具有实效性。具体的制度设计与检讨,以下例证可以体现。

诉讼受案范围的列举,自始即不可能包含所有的诉讼对象。即使是肯定性概括规定,也要对相关的诉讼要件或诉讼程序经常加以检验,以免该等规定侵害公民接受裁判的权利。《行政诉讼法》中比较典型的适例如关涉原告资格的利益条款中的“合法权益”或“利害关系”等概念的理解与适用。要想绝对避免发生“有救济必要,但依行政诉讼法规定为不可能”的诉讼构造,就应广泛地具体检讨行政诉讼的可能性。救济的途径也不仅是法定的诉讼类型的创设,还必须追求实现实效的权利救济的方法。论述该种救济应有的状态时,即“救济法”的架构,必须以救济法的丰满化为目标。在宪法上,对“法的利益”被侵犯的理解以及如何加以保护需要理论或解释方法的支撑,但更多的是寻求一种被侵害的当事人有请求因违法的行政行为毁损其利益的“裁判救济”的抽象资格,救济制度的设置应使权利或利益受侵害当事人能够以某种形式向法院请求实效的救济是基本的认识。

4.1.2 行政权与司法权关系论

根据权力制衡的思想与模式,行政权与司法权必须由两个不同性质的机关分别行使,相互制衡、不得僭越。就司法权制衡行政权而言,司法判决应具有权威性,审判独立以避免各种因素干扰及行政管理目的凌驾于基本权之上,只要能确保不僭越行政权的核心,行政行为就均应受司法审查。

我国《宪法》规定,行政权与司法权互相配合,互相制约。二者界限的具体划分准则主要是:第一,尊重行政机关的首次判断权原则。由于行政权的行使是一个动态的程序性过程,在行政的不同阶段有不同的准备性行为等,真正发生效力的是最终的行政决定,司法监督只能是对最终的行政决定的审查,其行为的内部行政过程往往需要司法权的尊重,除非该过程性的行为涉及相对人的程序性权利。同时,随着福利行政的发展,行政权得以扩张,尤其是行政裁量权的出现改变了传统的制衡格局,这就进一步要求司法权对行政权的裁量空间也要保持一定的距离,对于行政裁量权的行使给予新的认识。在思量是否进行司法审查时,"组织——制度"的考量往往不亚于"实体"。也就是说,问题不在于行政行为产生"何种权利影响"或"权利要保障到何种地步",而在于"是否必须靠司法保障"或"司法是否比政治部门更适合"。第二,司法的中立性原则。与行政权作为法律的执行权性质不同,司法权是一种适用法律的判断权。由于行政权在行政管理领域经常面对不同的问题,其往往具有很强的倾向性与单方性,而司法权唯有保持中立的地位才能保证判断的公正与客观。尤其是对具有高度政治性的国家行为、统治行为和政治行为等重大决策性事件,司法机关是无力作出判断的,这就需要在司法审查的范围之外为行政权预设一块司法审查豁免的"领地",否则行政机关就无法维系正常的社会秩序,最终导致社会的混乱状况。当然,为了确保司法的中立性与确保司法机关能够独立行使司法权,行政权也要给予司法权足够的尊重,不能以权压法,以权抗法,干涉司法。第三,行政的专门性。随着不同行政领域的专业化程度的增强,司法机关对于高度专门技术性问题并没有足够的知识背景,考虑到其实际处理的便利性与专业性，许多国家也将其排除在司法审查的范围之外。[1] 这也告诉我们并不是所有的行政行为都可以纳入行政诉讼的受案范围，进入司法程序接受司法审查，划定司法权介入行政权的界线时必须具有正当的理由。第四，司法救济终局原则。法治国要求行政接受监督，行政纠纷应在司法审判的统领管辖之内，当公民的合法权益受到行政行为的实际影响时，其享有不可剥夺的获得司法救济的权利，司法不得拒绝审判，即司法最终救济原则。司法最终救济原则是指当公民认为自己的权益受到影响，且在其他救济手段无法有效解决时，其可以诉诸法院寻求司法裁决。

与司法最终救济原则相对应的是穷尽行政救济原则。其指当公民对于行政争议的解决在没有利用法律所设定的可能的行政救济方式之前，不能诉诸法院寻求司法救济被行政行为侵害的权益。其背后的法理是避免司法权的提前介入影响行政过程的持续进行，只有在行政程序终结，时机成熟时才得以允许纳入诉讼的受案范围。而且在法院介入之前，行政救济前置能够给行政自我审查纠正的机会，减少法院在有限的司法资源下过度消耗。这也符合权力运行与权利救济的经济性要求，体现了公正和效率的双重价值目标。因此，在处理行政权与司法权两项权力的关系时，应充分考虑司法最终救济原则与穷尽行政救济原则两个原则的运用。缺乏前者，就会对权利人的权益救济造成困难，公正的价值目标就难以实现；无视后者，也会造成行政权效率的降低与社会资源的浪费。

行政诉讼即是法院以司法审查的形式来实现司法权对于行政权的制约，在依法独立行使司法职权的原则之下审查行政权的行使是否符合法律规定，并依法作出判决的制度。这也是法治行政的必然要求与内涵。在行政诉讼制度中，最能体现行政权与司法权的分工与制约的是行政诉讼受案范围的规定。行政诉讼受案范围的宽严程度决定了法院能在多大范围及何等程度上对行政

---

① 参见杨建顺：《行政诉讼与司法能动性——刘燕文诉北京大学（学位评定委员会）案的启示》，载《法学前沿》编辑委员会编著：《法学前沿》2001 年第 4 辑，法律出版社 2001 年版，第 209 页。

权进行监督，这也是避免司法权过度干预行政权、限制行政权能动性的需要，是一种克制态度下司法谦抑的体现。我国《行政诉讼法》中关于行政诉讼受案范围的各项规定采用的是肯定性概括加列举的方式，而并非采用的否定性排除的方法。根据前述分析，该受案范围有不断扩大的趋势，这不仅表现在制度上，还体现在司法实践中。

如本研究所整理的案例都是关涉内部行政行为的情形，原本属于内部行政程序运作的行为却在一定条件下被纳入受案范围，这是否会因为司法权的介入不当而影响行政权的运行呢？这种可能性是不能排除的，也是不能忽视的。但是，"内部行政程序虽然不像外部程序直接涉及当事人的程序权利，但它深刻影响乃至直接决定当事人的权益。即使是那些被奉为现代程序核心要素的外部程序，也需要通过内部程序的纽带才能运转，其有效实施在很大程度上取决于内部程序的建构。所以，'内部'程序不应是程序的'黑箱'，更不是拒绝司法审查的理由"①。

4.2　"外部化"的要素构成

4.2.1　规范演变及立法思维

如本研究开篇所指的那样，有观点认为，内部行政行为的可诉性是没有法律依据的。对于这一点，最高人民法院指导案例第 22 号"裁判要旨"的第一句话中也予以了明确。但是这样的判断是否过于武断，内部行政行为的可诉性果真无法律依据？笔者现以相关法律关于行政诉讼受案范围的规定分析之。

先从反面解释着手。现行《行政诉讼法》中仅有第 13 条第 3 项对于内部行政行为不可诉设有相关排除式规定。前文有分析，该条款对于其他内部行政行为的可诉性保持了沉默，并未就其他类型的内部行政行为不能纳入行政诉讼受案范围设有任何意旨。对于类同本研究研究对象所指的内部行政行为类型，有观点认为，"虽然没有对这类行为做出明确排除，但其显然属排除之

---

① 何海波：《行政诉讼法》，法律出版社 2016 年版，第 385 页。

列……行政诉讼法也就没有对其做出排除规定的必要”①。对于这种以“例示其一,类推其他”作为根据的论理解释的断层之处,笔者在本研究 2.2.2 部分已作出专门论述,此处不再赘言。法律对其他类型的内部行政行为不予规定的原因未必是作为类推解释的依据,倘若立法者对于某事项是否适合在条文中直接加以硬性规定尚有疑虑,也有可能在法条之中保持沉默,留待日后法院于个案判决之中,通过法律解释逐步加以形成,或是由司法机关参酌个案不同情形发展出差异化的处理方式,从而加以类型化。就内部行政行为而言,立法者有可能是因一时间未能就与内部行政行为相关联的其他法律行为,如依内部行政程序正在进行的行为,形式上还是非终局性的行为等的判断形成妥当的规定方式,而留有空白交由法院逐案形成。因此,如果直接以《行政诉讼法》第 13 条第 3 项的规定即当然推论所有内部行政行为皆不可诉,确实无法不令人不心存法院只为速断的嫌疑。

事实上,就实务而言,法院显然并未因该条的明白规定而采“例示其一,类推其他”的论理解释进行适用,即直接否认将内部行政行为纳入行政诉讼受案范围的可能性。与之相异的是,法院对于内部行政行为是否可诉通常采取积极的态度,以“外部化”为依据从“有无实际影响”的角度予以解释,且法院的这种做法也未受到立法机关的责难。由此看来,以《行政诉讼法》第 13 条第 3 项为据得出的结论难免有武断之嫌,该条亦非其适当的法律依据。

再从正面规定解读。根据 1989 年《行政诉讼法》第 2 条、第 11 条、第 12 条的规定,行政诉讼的司法审查对象是“具体行政行为”,其范围采取列举式和概括式的方法予以明确。对于何谓“具体行政行为”,最高人民法院在 1991 年通过的《关于贯彻执行〈中华人民共和国行政诉讼法〉若干问题的意见(试行)》中用 8 个条款对其进行了界定,很忠实地遵守了原立法意旨。随着时间的推移和社会的发展,该若干意见不再适应行政审判的要求。基于此,最高人

① 刘晓、樊孝群:《“内部行政行为”之法律含义探讨》,载《华中农业大学学报(社会科学版)》2004 年第 2 期;张德瑞:《内部行为的可诉性与可诉性的内部行为》,载《南都学坛》2005 年第 6 期。

民法院于2000年发布了《执行行诉若干解释》。最高人民法院不断总结行政审判工作经验,《行诉解释》孕育而生。其中《行诉解释》第1条便开宗明义地指出,行政诉讼的司法审查对象是"行政行为"。单从《行诉解释》关于行政诉讼受案范围规定中所使用的词语,即可发现其发展了我国的行政诉讼制度。其对于受案范围的规定方式以概括式取代了列举式。那么这里的"行政行为"外延有多大,是否包括本研究所指称的"内部行政行为"？这些问题的回答对于寻求"外化"的法律依据无疑是不可回避的。

为了让答案更加清晰与突出,我们再从与行政诉讼受案范围紧密相关的"起诉条件"继续深入探讨。1989年《行政诉讼法》第2条规定中的用语是"合法权益",《执行行诉若干解释》第12条规定中的用语是"有法律上利害关系"。对于这一从"合法权益"到"有法律上利害关系"用语的变化,[①]时任最高人民法院行政审判庭庭长江必新认为,其"取消了对原告资格的不当限制","只要个人或组织受到行政行为的实际的不利影响"就能诉诸行政诉讼。同时,他又根据《执行行诉若干解释》的精神,把行政诉讼受案范围从本质上归纳为所有的行政行为,即具有公共行政管理职权的机关和组织及其工作人员实施的、与行使公共行政管理职权有关的行为,只要给公民造成实际的不利影响,原则上就都应纳入行政诉讼的受案范围,除非法律有明确的否定性规定和禁止性规定。[②] 换言之,只要运用行政职权作出的行政行为给公民造成实际不利影响,原则上就都可纳入受案范围。该观点的合理性也能从《执行行诉若干解释》第1条"对公民、法人或者其他组织权利义务不产生实际影响的行为"不属于行政诉讼的受案范围的规定中得到进一步的佐证。从这一正面的解读可以看出,本研究所指的"外部化"的"内部行政行为"是包含在行政诉讼受案范围的。这也符合《行政诉讼法》的立法思维——逐步扩大行政诉讼的受案范

---

① 该用语变化的解读,详见本研究3.3.4部分。

② 参见江必新:《中国行政诉讼制度之发展:行政诉讼司法解释解读》,金城出版社2001年版,第33、222页。

围。[①] 如同时任最高人民法院副院长罗豪才所言的那般，“新的司法解释针对行政审判实践中遇到的各种问题，对行政诉讼法作了更加符合立法精神和原则、更加符合行政审判实践需要、更加符合行政诉讼制度发展方向的解释”[②]。

综上所述，从正反两方面皆可看出，法院将“外(部)化”的“内部行政行为”纳入行政诉讼受案范围是符合法律意旨的，且从相关法律表达并结合江必新大法官的归纳可知，被纳入行政诉讼受案范围的行政行为必须具备行政职权、行政行为成立、造成实际不利影响三个要素。而“内部行政行为”在司法实务中唯有(只要)“外(部)化”后才能(就)纳入受案范围，与上述三要素相比，其结构差异在何处？关于这点的比较是下文提炼“外部化”构成要素法律根据之所在。将其结构差异用“等式”直观表示为：

行政职权+行政行为+实际影响=内部+行政行为+外(部)化。

将“等式”进行简单明了的还原，即得到“内部”的行为“外(部)化”与“行政职权”和“实际影响”联结。就效果而言，说明欲实现“外(部)化”至少需具备行政职权和实际影响两要素，当然，其前提——“内部”依然不能缺少，而对“内部”的判断，笔者将在下文继续探讨。

4.2.2 实务见解与学说讨论

4.2.2.1 实务见解

就笔者搜集到的内部行政行为“外(部)化”的相关案例，笔者将其约略区分为两个部分，即明确提及“外(部)化”相关用语的案例和若干可彰显“外部

---

① 时任全国人大常委会副委员长的王汉斌在《关于〈中华人民共和国行政诉讼法(草案)〉说明》中提出，从保障公民、法人和其他组织的合法权益出发，适当扩大人民法院现行受理行政案件的范围，考虑到当时的实际情况，对受案范围还不宜规定过宽，而应该逐步扩大，以利于行政诉讼制度的推行。

② 甘文：《行政诉讼法司法解释之评论：理由、观点与问题》，中国法制出版社2000年版，序。

化”内涵的案例。[①] 前者即法院判决中有“外化”或“外部化”用语的案例（但未必有详细阐述其意涵），可借此观察法院对相关概念的见解；后者即法院判决中有关内部行政行为外化等相关内涵的案例，以此可知悉这些法院对此等标准的界定与操作。

明确使用“外（部）化”等用语的案例。如表2所显示的那样，笔者整理与搜集到的31个案例中共有10个案例出现“外化”等用语。例如，“魏某高、陈某志诉来安县人民政府收回土地使用权批复案”中，终审法院认为批复已实际执行并外化为对外发生效力的具体行政行为，尽管来安县人民政府的批复未向相对人送达，但来安县国土资源行政部门是直接依照此批复实施的拆迁补偿安置行为，因此终审法院认为当事人对该批复不服，提起诉讼的，应当受理，即可诉。对此，最高人民法院还在裁判理由部分进行了充分论证。“万宁市人民政府等与海南某环保实业有限公司土地行政征用及行政赔偿纠纷上诉案”中，一审、二审法院都认为，39号《批复》及13号《通知》均已送达给原告，尽管39号《批复》的对象是万宁市国土资源局，但由于其已被送达给原告，内部行政行为已外部化，39号《批复》是可诉的具体行政行为。但该案中的法院的“裁判理由”中仅提及了名词概念而无内容的详尽阐释，就“外部化”的原因而言是“送达”。另在“富宁某煤业有限责任公司与富宁县人民政府其他行政行为及行政赔偿纠纷上诉案”中，一审法院认为，富政发〔2009〕130号《实施方案》属于富宁县人民政府对其下属职能部门下发的一个内部文件，该文件没有直接下发给富宁某煤业有限责任公司，对其并不直接产生法律上的权利义务关系，并不是针对特定的富宁某煤业有限责任公司作出的具有行政约束力的具体行政行为，仅属于内部分工的文件。因此，该实施方案应当属于没有外化

---

① 实际上，司法实务中的案例，除少数判决外，并不会特别使用“外化”等用语或概念，因此这里的分类多是笔者依据案例事实或判决理由而作出的合理的判断，间或参考原被告双方的辩词。于此还需要说明的是，由于本研究在本部分的核心议题在于，从司法实务中了解司法判决内含的理念与脉络，并抽象提炼出“外部化”的构成要素，而非基于判决结果的评价或者对判决结果的比例分析来支撑之，更非从由法院适用行政法概念是否正确的角度评析判决的对或错。简言之，笔者的分类是站在现象分析的角度观察，与国内常见的判例评释不同。

的内部行政行为,不具有可诉性。这一判决的说明较为详细,其对于没有“外化”的原因描述有没有“直接下发”,不“直接产生法律上的权利义务关系”,也就“不是具有行政约束力的具体行政行为”。这里似乎有将外部化后的内部行政行为与外部(具体)行政行为等同起来的意思。仔细研读该案例判决文书,会发现其裁判理由中并没有对“(具体)行政行为”作出明确解释,但却可以从其表述中看出其间应包含的要素是“政府”、“直接下达”相对人、“直接产生法律上的权利义务关系”和“具有行政约束力”。这四个词语是先后有序递进的,这也正是学理上所总结的“具体行政行为”成立的“四要素”。[①] 对应于此,其内部行政行为应只是阶段性的行为;若有“外化”,即转为具体行政行为。因此,“外化”首先应有使内容让当事人知晓之“直接下达”的意思。

在“延安某建筑工程有限责任公司诉陕西省延安市安全生产监督管理局生产责任事故批复案”中,最高人民法院所凝练的“裁判要旨”认为,“内部行政行为通过行政机关的职权行为外化后,则可以纳入行政诉讼的受案范围”。这里的用语更为简洁——只有“外化”,而无像前例中表示“实际影响”等的其他递进性表述,只是多了一个“通过行政机关的职权行为”的限定词。之后,最高人民法院又在案件“评析”部分详细阐释了“外化”的理解,即内部批复不向相对人送达,因此无法确定其对相对人最终产生的实际影响,从而不可诉,然而当内部行为通过行政机关的一些职权行为被外化后,一旦对相对人的权利义务产生确定的影响,就应当纳入行政诉讼的受案范围。同时,最高人民法院认为外化应是经行政机关依职权外化,之所以强调行政机关依职权行为外化,主要是区别于一些相对人通过不正当手段使内部行政行为“外化”的情形,如私下打听、索取甚至窃取一些内部文件。[②] 这段表述为我们分析“外化”提供了较为明确、较具权威的参考。依最高人民法院在《中国行政审判指导案例》中的说明,“外化”应该是在职权行为将内部行为让相对人知晓(送达),从而对相对人产生实际影响的一

---

① 参见章剑生:《现代行政法基本理论》,法律出版社 2008 年版,第 134 页以下。

② 参见最高人民法院行政审判庭编:《中国行政审判指导案例》(第 1 卷),中国法制出版社 2010 年版,第 5 页。

种“状态”。虽然“外化”也会在词性——动词或名词上“跳跃”，但不会让人疑惑，就像抽象行政行为是在行为结果或行为本身的含义上使用一样，但我们要注意，“外化”会在“送达”的意义上作动词使用。因此，可将“外部化”成立的条件提炼为“职权行为”、“送达”和“实际影响”。

在“新安县人民政府诉新安县某化工有限公司行政决定案”中，新安县人民政府对新安县环境保护局向新安县人民政府提交的《关于对新安县惠丰石料加工厂和新安县和兴化工有限公司进行关闭拆除的报告》进行批示，“请电业局立即停电，拆除配电设施及其相关线路；工商局吊销两企业营业执照；环保局督促乡镇政府拆除设备、清除原料，水利局停止供水，并将结果报县政府。请将此文复印转相关单位执行”。二审法院认为，尽管此项批示是内部行政行为，但新安县电业公司依据该批示对新安县某化工有限公司实施了断电行为，该内部行政行为的内容得以外化，对行政相对人新安县某化工有限公司的权利义务产生了实际影响，该行为属于行政诉讼案件的受案范围。在“宋某全不服泸州市公路运输管理处收回营运线路牌照案”中，二审法院认为，从泸州市公路运输管理处通知的形式上看，该通知是对县运管所作出的，但是通过县运管所对该通知的告知与执行，该通知行为已经外化，泸州市公路运输管理处对该线路牌的收回实质上是对榕山运输公司和宋某全该线路经营权的取消，这必然影响宋某全的经营权。泸州市公路运输管理处认为该通知属内部工作安排行为的理由不能成立。可以看出，以上两例中的“外化”即是作为一个动词予以使用的，“外化”后的状态或效果依然对当事人权利义务产生了实际影响。

综合以上判决理由等的表述，或许能够较为清晰地抽象提炼出将内部行政行为纳入行政诉讼受案范围的关键词：被相对人知悉（实施、送达或动词意义下的“外化”）、职权的行使、法律效果的具备（产生实际影响）。根据司法裁判的立场，对于内部行政行为发生外部作用的方式，法院强调行政相对人获知内部行政行为的正当性。如在“焦作汇银纺织有限公司与焦作市人民政府会议纪要再审案”中，最高人民法院认为“会议纪要外化的途径应当限于正当途径，如果通过私人告知等非正常途径知晓会议纪要内容的，不属于以法定途径的方式正式发布,会议纪要没有对外产生法律效力,也不具有强制执行力,不属于行政诉讼受案范围”。[①] 在获知方式的正当性上,司法机关强调应当通过送达的方式告知内部行政行为,如果相对人通过其他方式获知了内部行政行为,此时行政机关作出的该行为仍不具有对外的意思表示。[②] 该种司法裁判立场也得到了行政法学者的支持,如有学者认为内部行政行为外化应当具有职权要素,否则其不可能外化,而职权行为是内部行政行为外部化的最后步骤。[③]

为了确认“外(部)化”及其关键词在其他案例中是否有体现以及是如何体现的,我们需要通过一些案例来验证,尤其是没有“外(部)化”用语但依然被纳入行政诉讼受案范围的案例,因此,我们继续回看符合验证条件的其他案例。由于案例较多,笔者无法一一列举,仅以《最高人民法院公报》公布的相关案例为例,[④]这样

① 焦作汇银纺织有限公司与焦作市人民政府会议纪要再审案,最高人民法院(2019)最高法行申370号行政裁定书。

② 参见王禹:《对权利义务不产生影响的规划审查意见不具有可诉性》,载《人民司法》2013年第6期。

③ 参见王学辉:《行政法秩序下行政批示行为研究》,载《政治与法律》2018年第5期;邓炜辉:《行政批示可诉性:司法图景与标准判定——基于我国法院相关裁判文书的规范考察》,载《政治与法律》2019年第1期。

④ 由于后来(具体日期笔者未查到)《最高人民法院公报》在刊登案例时会根据案情及判决内容直接提炼出“裁判要旨”,如“某食品公司诉泗洪县政府检疫行政命令纠纷案”;而其他2例则是在这个提炼裁判要旨的做法之前被登载的,公报上未有“裁判要旨”。但是,这些案例在后来又被最高人民法院的法官所编著的相关书籍收录,并对“裁判要旨”进行了补充。为了更加明确其态度和“外部化”的理解,也一并予以摘抄,供研究参考:

会议纪要主要适用于记载和传达会议情况和议定事项,其性质主要是针对会议进行情况以及最后结论的记录,只具有指导意义,本身并不对外发生法律效力,即未对行政相对人的法律地位产生影响,因此不具有可诉性。但会议纪要具有确定某一行政事项如何处理的初步意见,因此具有证据意义。参见“广州市某投资发展有限公司诉广东省广州市对外经济贸易委员会行政处理决定纠纷案”,载《最高人民法院公报》2002年第6期。转引自最高人民法院行政审判庭编:《最高人民法院最新行政裁判汇编》,人民法院出版社2006年版,第845页。

会议纪要针对特定主体就特定事项作出决定,且明确要求必须执行,不属于抽象行政行为,而是一种可诉的具体行政行为。参见“吉某仁等四人不服盐城市人民政府行政决定案”,载《最高人民法院公报》2003年第4期。转引自刘德权主编:《最高人民法院司法观点集成4:行政、国家赔偿卷》,人民法院出版社2010年版,第112页。

审查行政机关内部上级对下级作出的指示是否属于人民法院行政诉讼受案范围内的可诉行政行为,应当从指示内容是否对公民、法人或者其他组织权利义务产生了直接、外部的法律效果,当事人不服提起行政诉讼的,人民法院应当受理。参见“某食品公司诉泗洪县政府检疫行政命令纠纷案”,载《最高人民法院公报》2006年第1期。

的案例更具典型性和代表性。

在“广州市某投资发展有限公司诉广东省广州市对外经济贸易委员会行政处理决定纠纷案”中，二审法院认为，珠江侨都筹委会的纪要中关于“同意某公司参加珠江侨都项目的投资”的阐述，对侨都公司各方的法律地位并没有任何改变，不能在法律上产生新的权利和义务关系，不具有行政法律效力。法院认为内部公文因不发生新的权利义务关系而不具有行政法律效力，不具有可诉性。由此可以看出，该案强调了“实际影响”的标准。在“魏某高、陈某志诉来安县人民政府收回土地使用权批复案”中，最高人民法院生效裁判认为，来安县人民政府的批复属于内部行政行为，不向相对人送达，对相对人的权利义务尚未产生实际影响，一般不属于行政诉讼的受案范围。但该案中，经来安县人民政府作出批复后，来安县国土资源管理部门未制作并送达对外发生效力的法律文书。也就是说，根据批复，原告的权利和义务已经产生并直接交付给来安县土地储备中心，以执行拆迁补偿和安置行为。实际上，原告还申请发布政府信息，了解了批复的内容并提交了具有批复的行政复议，复审决定机构在做出决定时告知了申诉权，而批复实际上是对外部法律效力的影响。实施并外部化以具有特定的管理措施，是可诉的。

在“吉某仁等诉盐城市人民政府行政决定案”中，一审法院认为，被告盐城市人民政府的第 13 号《专题会议纪要》虽然在形式上是发给下级政府及所属各部门的会议材料，但从该纪要的内容上看，它对盐城市城市公交的运营范围进行了界定，并明确了在界定范围内继续免交交通规费，该行为已实际导致盐城市城区交通局对公交总公司的管理行为的中止，所以第 13 号《专题会议纪要》是一种行政决定行为，有具体的执行内容，是可诉行政行为。在“某食品公司诉泗洪县政府检疫行政命令纠纷案”中，二审法院认为，分管副县长对泗洪县兽检所的电话指示属于内部行政行为，但是由于泗洪县兽检所拒绝为某食品公司的生猪进行检疫，该电话指示已经对某食品公司的合法权益产生了实际影响，成为了具有强制力的行政行为。……分管副县长就特定事项、针对特定对象所作的电话指示，对内、对外均发生了效力，并对行政相对人合法权益产生了实际影响，应当属于人民法院行政诉讼受案范围内的可诉行政行为。综合以上内容可以看出，各法院在不同程度地强调，由于其他（下级）行政机关的执行或通知让当事人知道了行政行为的存在，且对当事人的权益产生了实际影响，本属内部的行政行为被纳入了行政诉讼受案范围。

总之，通过上述多个案例的正反两方面的引证与印证，法院将内部行政行为纳入行政诉讼受案范围的理由主要为：第一，内部行政行为的作成或成立（具体如何判断待下文讨论）；第二，行政机关的“告知”或“执行”行为使当事人知晓内部行政行为的存在；第三，内部行政行为的内容明确指向具体的事项或公民，使得相对人的权益受到实际影响。换言之，“外化”需要三个条件或要素：内部行政行为——“外部化”前提、送达——“外部化”表示、产生实际影响——“外部化”效果。不过遗憾的是，在不同的案件判决中各要素的排列组合不同，这也表明司法实务中对于“外部化”的形式用语、实质结构和思维层次仍有不明确之处。

4.2.2.2 学说讨论

如同司法裁判所呈现出的强烈个案取向性和概括适用性的那样，行政法学界对于内部行政行为外部化的概念也仅是有所提及，对于通案性观察分析及其判断标准的体系性尝试更是寥寥无几。在笔者有限的阅读范围内，与内部行政行为“外部化”相关的理论学说主要有：

章剑生教授认为，内部行政行为外部化是指虽然行政机关作出的行政行为具有内部性，但是其效力反射到外部的行政相对人，对外部相对人的权益产生了实际影响。在这种情况下，内部行政行为实际上已经变质为外部行政行为。[①] 从该定义中可以抽象出内部行政行为“外化”的三项相当精简的要素：第一，行政行为的内部性（前提）；第二，反射到外部（表示）；第三，产生实际影响（效果）。至于有无及如何“反射到外部”的判断准据，章剑生教授仅有一概括性结论：内部行政行为“变质”为外部行政行为。但这给了笔者很大的启示：

① 参见章剑生：《现代行政法基本理论》，法律出版社2008年版，第124页。

若内部行政行为能“变质”为外部行政行为，能否参考外部行政行为理论理解内部行政行为外部化的问题，若依然采取“等式”法，或许能得出“外部化”与外部行政行为中的某一(些)要素联结。

刘莘教授等认为，内部行政行为的外化是指行政主体的内部工作关系已经对外公开，并对行政相对人产生了实际的行政效力。“外化”的途径包括“通过公权力”与“通过非公权力”等两种方式。[①] 对该观点进行“分解”，其具体为：第一，内部工作关系(前提)；第二，对外公开(表示)；第三，产生实际效力(效果)。刘莘教授等虽对“外化”的途径做出了区分，但没有对“公权力”的公开主体作出说明，稍显笼统。

与上述承认内部行政行为外部化的观点不同的是，孔祥俊法官认为“内部行政行为外部化，真正的价值或手段在于，对那些形式上为内部行政行为，但实质上是外部行政行为的虚假内部行政行为进行鉴别，其性质的转变不在于被行政相对人或利害关系人知晓。所谓的内部行为外部化，仍然属于认定特定行为(看起来像内部行为的行政行为)的范畴，认定的核心标准是其是否具有外部效果。因此，这里是不承认真正存在内部行为外部化的情形的”。[②] 此观点并不否认对所谓的“内部行政行为”的可诉性回答，而是认为这种“内部行政行为”只是一种假象，其实质仍是外部行政行为，而非真正意义上的“内部行政行为”，因此也就不存在“内部行政行为外部化”的情形。这就意味着，效果外部化后的行为都是外部行政行为。孔祥俊法官是仅从行政行为的效果着手，采用实质标准对行为进行认定并判断能否纳入行政诉讼受案范围。这种对于行政诉讼受案范围的判断的观点摆脱了条文文义及行政行为理论体系的拘泥，只综合斟酌案情、立法意旨、权利保障和直观感受等实质因素作个案判断，不拘泥于行为形式上的僵化与一概而论，是可取的。不过，对其核心标准

① 参见金成波：《内部行政行为纳入行政复议的妥当性考量》，载《法治研究》2013 年第 11 期；彭斌韬：《内部行政行为的可诉性分析》，载《人民法院报》2009 年 2 月 27 日，第 6 版。

② 孔祥俊：《行政行为可诉性、原告资格与司法审查：受案范围 · 原告资格标准 · 新类型行政案件》，人民法院出版社 2005 年版，第 81 ~ 82 页。

中的行为效果有无扩至外部以及是如何扩至外部的,该学者都没有交代清楚,这也使得该标准操作性不强。

由以上的分析可以得到一个结论,我国学者普遍认为,凡是对相对人的权益产生实际影响的行政行为,均能成为行政诉讼的诉讼对象。从他们的观点中提炼出的(内部)行政行为可诉性要素的关键词有:内部行为(形式上至少是)、“外部化”表示、法律效果。不过,笔者认为必须进一步精细化思考的问题是:原本内部性的行政行为内容如何被外界(相对人)知晓,其效力范围通过什么途径扩及外部,是否只要扩及外部就都能被定为诉讼对象。

基于前述学理与司法实务对“外(部)化”的界定及理解上的归纳,应可得出如下初步结论:学理上,“外化”的用语已渐成为约定俗成的概念,不过学理上与司法实务上对其态度较显不一致,后者或许是基于若干因素而将本质上应纳入行政诉讼受案范围的案件以“外部化”(包括有类似内涵彰显的)作为扩张受理的依据。当然,学理上也不乏以内部行政行为作为司法案例提起须具备的要件为思考,而解释《行政诉讼法》的相关制度及生活中的各种实践情形,以及对于法院或法律下一步的对策。由以上对学理与司法实务的说明可知,“外(部)化”的概念界定众说纷纭,各有其不同的思考与脉络,此种情况必然影响相关学理的论述乃至司法实务的合理发展。本研究将在构成要素进阶分析的基础上,就“外部化”理论提出相关判断上的思考脉络。

4.2.3 构成要素的初步说明

在行政法学中,虽然学者开展了相关研究,但理论界对内部行政行为的外化条件存在着三要素、四条件等不同学说,涉及行为内容、法律效果、相对人知晓等因素。[①] 因此,司法实务和行政法学对于内部行政行为外化条件的具体构

---

① 参见王振宇:《从案例视角看行政审判实务的最新发展》,载《法律适用》2013 年第 8 期;王学辉:《行政批示的行为法意蕴》,载《行政法学研究》2018 年第 3 期;刘飞、谭达宗:《内部行为的外部化及其判断标准》,载《行政法学研究》2017 年第 2 期;晏齐孟:《行政批复行为可诉的原因——不是外化是对私权利产生现实的影响》,载《中共南京市委党校学报》2017 年第 4 期;李永超:《揭穿内部行政行为之面纱——基于司法实践中“外化”之表达的一种解释框架》,载《行政法学研究》2012 年第 5 期。

成仍未达成共识，未形成统一的识别与判断标准，这为其普遍适用带来了障碍，并影响了行政相对人权利的实质性保护。

经由上述对“内部行政行为可诉性”的立法演变与思维尤其是对司法实务与理论学说的初步分析可知，“外（部）化”一词的创用旨在将内部行政行为类比为外部行政行为，希冀透过“法律效果”的桥梁，证立争议行政行为违反《行政诉讼法》立法意旨的结论。此概念在揭穿“诉讼风险隔绝”的实践中确实发挥着重要功能，对于司法实务的运作与公民权利的保障有相当的贡献。不过，由于（最高人民）法院始终未就“外化”的概念与判断标准作出明确的界定，欲以此一不明确的描述性概念操作行政诉讼受案范围终究不妥帖。随着法院对内部行政行为外部化运用的日渐增多，“外部化”判断脉络的形成尤显重要与紧迫。

由于内部行政行为在行政活动中表现之方式的千变万化，行政法律关系主体亦有所不同，法院对此问题的论证表述亦非完全同一。通过上述相关论述可知，在判断内部行政行为是否以及如何纳入行政诉讼的受案范围的问题上，无论是立法原旨还是学说观点，无论是“批复”个案还是相关实务，无论是从立法结构与意旨撷取“外部化”的构成要素，抑或直接由实务或学说所建立的“外部化”条件，皆植根于“外部化的表示”、行政职权的行使、“法律效果的产生”等要素上，或单取其一或混合三者等，宽严略有不一，或存在运用的判断顺序有别，或解释要素占有比重的游移，而发展出各种解释上所必然的结论，进而隐然形成具有一般性以及普遍性的法律准则，而得适用于相关内部行政行为的诉讼程序中。

比较分析各方观点对于“外部化”的判断，笔者认为上述三要素必须同时具备，或许并非排列组合上的巧合，而是有其理论上的必然要求存在。由于以上“外部化”要素的初步提炼同时涉及行政行为的成立要件、行政程序的运行及行政诉讼的受案范围等彼此之间的比较与整合，不仅在内容上稍显繁杂，而且相近行为的概念、性质及区分也一再重复出现，为求在分析、比较上能够更清楚地显现内部行政行为外部化的构成要素，在建构外部化运用中的判断脉络时,需要对各个构成要素予以进一步的分析与说明。也就是说,达致理论的自洽与逻辑的周延仅有假设是不够的,还需具有说服力之求证的完成。这也正是以下论述所致力的方向。

4.3 构成要素的进阶分析

4.3.1 基本思考:“外(部)化”的双重性格

就像前文中所论证的那样,司法实务中以经职权行为“外化”作为扩张受理的依据,进一步拓展了司法推理方面的思维逻辑,把内部行政行为纳入了行政诉讼的受案范围,打破了内部行政行为被诉风险隔绝的功能,积极主动地回应了公民的权利救济诉求,实现了发展行政法的功能。但同时,一个非常突出的、极容易被忽略的重大疑问也在此类判决的论证过程中产生了。这个重大难题就来自“外化”的双重地位。

什么叫作“外化”? 从哲学的角度上来说,“外化”是指本属于内在的事物转变为外部的事物,主要针对的是从思想意识转变为物质世界的转变过程。但是“外化”一词在行政法理论中很少被提及,而其中最能让笔者产生一探究竟之心的是胡建淼教授的观点。胡建淼教授在阐述行政行为的成立要件时认为“外化”指的是虽然没有通知行政相对人,但是已经对其产生实质影响,或者行政行为已通知到行政相对人、已经产生了对外效力,把“外化”当成行政行为成立的必备要件之一。[①] 按照这一说法,“外化”就是意思表示,即行政行为理论通说中的具体行政行为成立的形式要件。在这个意义上,“外化”实现程序行为的手段为送达,为整个行政过程的一个环节。基于此,“外化”程序满足使行政行为得以成立,行政权力与公民权利得以结合,行政行为的实效得以实现。

具体行政行为自通知时起成立或存在,并对受通知的相对人发生效力。

---

① 此处的行政行为仅在传统行政法理论中具体(外部)行政行为的意义上使用。参见胡建森、江利红:《行政法学》,法律出版社 2010 年版,第 167 页。

在通知前，具体行政行为并未存在，至多仅为一“草稿”或“行政内部事务”，并非具体行政行为而纯属行政内部行为。[①] 因此，具体行政行为在通知时成立并同时对外生效。“非对话人”间的行政行为在送达给相对人时发生效力；“对话人”间的行政行为则在相对人知悉并了解时对其发生效力。因此，行政行为必须为相对人所知悉（对话人间之“了解主义”），或使其可得知悉之状态下（非对话人间之“送达主义”），方能对其发生效力。[②]

需要注意的是，根据我国台湾地区的学说观点，行政处分（暂以“具体行政行为”对应）的效力可分为“外部效力”与“内部效力”。[③] 所谓行政处分的“外部效力”，指行政处分经通知相对人或利害关系人而对外宣示处分存在之事实。[④] “外部效力”是判断行政处分是否对外存在的标准。既已对外宣示行政处分存在的事实，则得以此作为行政相对人的标准。行政处分的相对人可能为多数，也可能同时涉及其他有法律上利害关系的第三人，处分机关必须对于多数当事人个别地通知，并依不同当事人之间个别受通知的时间，分别先后对其发生“外部效力”。因此，对于不同当事人而言，行政处分“外部效力”发生的时点可能有所不同。所谓行政处分的“内部效力”，指行政处分依其规制内容对当事人发生效力。[⑤] 其规制内容即处分机关所欲发生的法律效果，可能为下命、形成或确认。原则上，行政处分的“外部效力”与“内部效力”是同时发生的，即行政处分一经送达相对人或使其知悉之时，即已对其宣示处分的存在，并依处分所欲规制的内容，对其发生拘束力。若行政处分附有附款，因附款是对于行政处分主要内容所为之附加规定，用以补充或限制处分的主要规制内容，附款本身即可能会对行政处分的规制内容——“内部效力”——产生影响。

依此可能产生一问题，所谓行政行为因通知而发生效力，如该通知不合

---

① 参见翁岳生编：《行政法》，中国法制出版社2009年版，第646页。
② 参见陈敏：《行政法总论》，2009年自版发行，第364页。
③ 参见陈敏：《行政法总论》，2009年自版发行，第364页。
④ 参见翁岳生编：《行政法》，中国法制出版社2009年版，第647页。
⑤ 参见陈敏：《行政法总论》，2009年自版发行，第364页。

法,是否即不发生“外部效力”与“内部效力”? 对此,解释上存有疑问。通常认为,该作为执行名义的行政行为如未经通知,自不发生“外部效力”与“内部效力”;行政行为的通知虽不合法,但已使行政相对人知悉该行为的存在或处于可得知悉的状态的,即可认为已发生“外部效力”;行政行为如欲发生“内部效力”,则以经合法通知为必要。简言之,行政行为只有经合法通知并因而发生“内部效力”时,才能作为合法的执行名义。

相对于行政行为理论上的阐释,相同的词语也出现在诉讼实务当中。如本研究所整理出的司法案例,如“延安某建筑公司批复案”在论证内部行政行为具有可诉性的判断依据上,从建立特定行政行为的特定要求的意义上来讲,这显然不是使用“外部化”一词的。如果仅从字面意义上去理解,则很难找到差异所在。这是国家机构执行的一项行动,是一种从内到外显示国家机构形成特定意愿的特定方式。然而,不难发现,在不同情况下,“外部化”最重要区别在于“外部化”的内容。“延安某建筑公司批复案”中,“外部化”的内容指向的是“管理决定”,形成意愿所指向的是“管理意图”。[①] 从不同的角度来看,“外化”的缺失给二者所带来的后果也就是效力的不尽相同,原因在于“外化”是前者成立的必备要件,关系着其效力的有或无[②],其缺少的后果是具体行政行为不能成立[③];而对于后者,“外化”是独立的要素,关系其效力的内或外,其的缺少不影响行政机关行为的成立,只是行政机关的行为不具有对外效力,依

① 有学者认为,以行政主体的行为表现确定其内容时,行政行为送达包括行政决定和行政意向两个范畴。行政决定可对应文中的行政行为,而行政意向是指行政主体在行政管理中为了有效处理一些行政事态而形成的能够影响行政相对人权利义务的主观意向。其以文字性表现为会议纪要、内部决议等。具体参见田瑶:《论行政行为的送达》,载《政法论坛》2011 年第 5 期。可喜的是,这种观点也从另一个角度支持了笔者的立论——“外化”是在不同的意义下使用的。

② 由于我国行政法理论少见该种效力分类,那么需要提醒的是,前述司法实务或学说观点中常提到的“效力”一词没有“内外”之分。因此,“外化”所影响的“效力”不能在这种意义上理解。

③ 如《行政处罚法》第 62 条规定:“行政机关及其执法人员在作出行政处罚决定之前,未依照本法第四十四条、第四十五条的规定向当事人告知拟作出的行政处罚内容及事实、理由、依据,或者拒绝听取当事人的陈述、申辩,不得作出行政处罚决定;当事人明确放弃陈述或者申辩权利的除外。”

旧停留于行政内部行为的程度上。①

依据上述阐释，在使用“外化”一词时，伴随着论证的不断深入，要想排除在行政行为方面的内外之分的影响，就需要明确“外化”所处的行政法律环境、明晰“外化”所包含的内容，并将与“外化”产生效果泾渭分明的其他行为排除在外。

4.3.2　移转动力：行政职权的互动

“当人们不仅观察外在的程序进行，亦对内部程序中，亦即那个在法律上被简称为在规范下进行事实涵摄之决定过程，行为与形成余地进行分析时，现象形貌仍相当分歧。管理之延伸及新的管制模式为演出带来更多的标准，因为其建立有异于法律执行范例之移动结构。行政行为之‘规范导向’比合法性及正当性之标准更具多样性。”②

若我们衔接社会学上关于管制理论的讨论，则可以开启一个理论上的讨论空间，即社会发展过程中，内部的动力、外部环境条件的作用力以及包含法律的作用方式均能够被加以分析。管制理论的核心介于管制主体、管制客体、管制媒介以及管制制度之间的效力上的关联性。这是经由一种多重管制关系的限制，用以突出复杂的社会脉络构造。

在行政法体系中，上述限制得经由行政权的双重地位而被证立。一方面，行政权因有法律的授予形成权力，赋予其执行法律的任务与意义，而成为管制客体。另一方面，行政权可以主动落实管制的外力刺激，可以在法律的任务范围内，在社会领域中去开展其管制的主动性，所以其也是管制的主体。在此种

---

① 在国务院法制办和中国法学会行政法学研究会联合举办的第二届“行政复议·浙江论坛”上，在关于内部行政行为的讨论中，福建省政府法制办、河南省政府法制办、中国政法大学刘莘教授等都提出以“外化”（“效力涉外”“效力外部化”）为前提，可以对“对事”的内部行政行为进行复议审查。刘莘教授还提出“外化”的标志是送达。参见湖北政府法制信息网 2011 年 9 月 27 日，http://www.hbzffz.gov.cn/hbfzb/preViewTextInfo.do? Id = 8816&Id = 5，最后访问日期：2023 年 2 月 21 日。

② ［德］施密特·阿斯曼：《行政法总论作为秩序理念——行政法体系建构的基础与任务》，林明锵等译，台北，元照出版有限公司 2009 年版，第 222 页。

限制中,我们可以清楚地看到这种限制,即行政行为不能仅从行政角度加以观察分析,行政行为的过程以及咨询的转化与释出,都存在相互作用及回馈现象。

行政不仅有行政行为,也包含行政组织。因此在行政组织法方面也必须有相应的方法论去处理遇到的问题,发挥组织上的作用关联性以及组织要素的相互依赖性。组织法上之方法论必须是在处理法律条文时,也能顾及组织形态的功能、行为的期待以及功能上的等价行为的方法。组织法上方法论之任务在于作有效性之比较、损益权衡斟酌以及从事选择决定。如果承认命题——“法律——执法行为”这种简易模式仅能掌握部分行政决定的多样性,人们必须努力建构行政法学的方法论。第一,内部程序化的方法。对于复杂的法律适用情况,必须选用一个程序化的方法。对此,我们已经在司法判断中找到了相关例证。例如,在计划衡量的解释中,衡量过程问题扮演一个特殊的“角色”。于此,衡量过程并非指外部显示之计划程序之流程,而是指“内部”的程序。申言之,其指行政受到特定的、程序上的合理性基准的拘束,并加以明确化。当行政机关已经进行所有的外部程序后,尤其是公众其他机关参与之程序进行后,对其所调查的环境产生影响因素之陈述、评价及斟酌,即为此处所称之合理性基准。这里亦显示出一种行政的内部程序,该内部程序与决定作成的呈现有所区隔,且此种决定受特别慎重规则的拘束。第二,实体的有效性评价。有效性之问题当然不能单独在程序上加以评价,也要作实体的论证。首先应注意考量者为有效性之判断,通常是在一个特定的法律规范关联下所作成的。方法论上的第一个步骤是整理出所有相关的基准,第二个步骤则为调查效力性的指标。①

我们试着用上述有效性判断的方法论去分析行政机关在行为时的职权互动。

---

① 参见[德]施密特·阿斯曼:《行政法总论作为秩序理念——行政法体系建构的基础与任务》,林明锵等译,台北,元照出版有限公司 2009 年版,第 24 页以下。

不管是外部行政行为还是内部行政行为，都是行政实体向交易对手实施的施加法律效力的行为。观察其法律特征可以发现，它重点强调了“行政实体”、“权威”和“法律效力”三个因素。前两个因素的存在决定了补救措施的性质。相反，仍然成立。另外，正是基于这种双方互为决定的联系，关于“延安某建筑公司批复案”的讨论才出现了“事故调查的成员之一子长县监察局，将通过对话将批准通知发送给被告某公司，并且已经将复印件送达意指批复的内容也即内部行政行为已经产生外化效力”的说法。其中，“强调政府机构根据工作的外在化，这一说法主要不同于某些反对者使用不适当的手段，如亲自询问、索要甚至是窃取内部文件”①这点很重要，但这还不是“延安某建筑公司批复案”和本处论证的关键，因为仅有“主体”和“职权”要素的强调并不能把内部行政行为与外部行政行为完全进行分离，在这一程度上，我们对“外部化”的探索及判断路径依然是不够清晰的。

“延安某建筑公司批复案”的关键点在于“内部行政行为”是如何发生的，以及其从“内部管理措施”到“外部”的过渡是如何发生的？与“外部管理操作”不同，它变为“可执行”。法院对“批准的案件”的裁决显示，事故调查组已依法向延安市人民政府提交了调查报告，以供批准。延安市安全生产监督管理局并非正式地直接向事发地延安某建筑公司批复。从法律的角度来看，相关的行政法律关系是上级与下属之间的有效关系，即一个行政主体欲合法行为，唯有取得其他行政主体的同意或协力，此时所发生的内部关系是同质的行政职权的互动。这种互动所产生的效力被封闭在行政系统内部而没有波及外部的当事人，这种非直接对外发生法律效果的要素使其与外部行政行为得以明显区分，即内部行政行为得以产生。这是“外部化”得以进行的“前提”，以区别于外部行政行为。依此，内部行政行为的存在与判断就成了“外化”判断进路中的第一个问题。如果没有内部行政行为的存在，“外化”就成了“屠龙

① 最高人民法院行政审判庭编：《中国行政审判指导案例》（第1卷），中国法制出版社2010年版，第5页。

术”或“障眼法”。结合前述对内部行政行为的新解，判断内部行政行为的要素与层次是：首先，行为始于不同的行政机关的内部互动。这一构成的满足一般能对内、外部行政行为作出区分，但依然需要注意的是此一要件的满足并不能对二者完全作出区分，正是这种“不足”才使本研究的进一步研究更富意义。其次，内容涉及一般公民（非公务员）的权利义务关系。这也是本研究中最具关键性的要件构成。因为它能将内部行政行为自身作出完整区分，而避免概念的混淆让研究变得模糊不清。最后，法院介入审查行为的适法性。这是将内部行政行为区分为两类后应运而生的法评价状态。

再将事件推进一步，延安某建筑公司是通过子长县监察局的谈话与批复复印件的送达，而非通过作出批复的延安市安全生产监督管理局的渠道，得知了批复内容使其权益受损的事实关系的。之所以要强调这个事实，是提醒我们注意，作出内部行为的行为主体与把内部行为“外部化”的行为主体有可能不是同一的。

4.3.3 解释模式：法律效果的回归

行政机关运用公权力所作出的具有一定规制性内容的决定只有超出行政内部，对外界的公民设定了一定的权利义务，并为外界公民所知晓，才能产生规制效果。行政机关的行为依其客观的意义内涵在于对外产生效力，而该效力不仅是一种在外部领域的事实上的效力，更主要的是在法律上还应具有规制效力。

无论是根据行政法理还是法律规定，法律效果欠缺的行为都不能成为行政诉讼的受案所指。① 因此，法律效果要素的满足不仅是行政行为成立的必备要素，还是行为具有可诉性的关键条件。依此，行政诉讼对象存否的关键症结

---

① “如果一个行为没有针对行政相对人，或者没有设定、变更或消灭某种权利义务，或者尚未形成或完成对某种权利关系的设定、变更或消灭，则该行为不具有法律意义，不是法律行为。”参见应松年主编：《当代中国行政法》（上卷），中国方正出版社2005年版，第510页；《执行行诉若干解释》第1条第10项规定“对公民、法人或者其他组织权利义务不产生实际影响的行为”不属于行政诉讼受案范围。

在于如何判定行政行为是否发生"外部化"法律效果的问题。

对外法律效果如何判断？行政行为的制度概念源起于一般公民与国家的公法关系，以外部效力为其必要的要素内涵。若以传统的认知，公务员关系纯属行政领域内部，对公务员的人事行政行为仅存在于行政组织内部的指令，因而欠缺对外的性质。"对外"发生法律效果是指行政行为的外部效力，是相对于"对内"的效力而言的。笔者通过案例的整理发现，行政行为是否具有外部效力的问题在行政机关之间的工作关系领域发生了较多争议。前述中有观点认为这种"对外"效力是一种"内部"效力反射的结果，也有观点认为这种效力是行政行为本身所具有的，只是被一种"内部"的外衣给掩饰了。对效力来源途径的认知的不同或许是这两种观点的差异所在，但有一点是统一的，那就是效力的范围必须已及于"外部"，至于行政行为形式的差异不是"对外"效果的绝对判断标准。若能借鉴"事实上基本权影响"的判断准据，或可很受启发。

在对内部行政行为产生外部影响的判断过程中，对于该影响是否必须是直接影响，即产生直接的外部法律效果是否是内部行政行为的外化条件，理论界与实务界均存在分歧。一般而言，直接的法律效果是指行政行为针对特定相对人，无须借助其他法律行为而本身具有的法律效果。① 有学者认为，内部行政行为"外化"的条件应为法律效果的间接性，因为"外化"并不是通过上级告知、送达直接实现的，而是通过下级机关的告知、送达程序作出，通过下级机关决定这一中介和桥梁产生最终法律效果。② 也有学者认为内部行政行为有直接"外化"和间接"外化"之分，其中直接"外化"是行政机关在内部程序中作出的直接影响外部相对人权益的行为，内部行为直接"外化"导致内部行为质变为外部行政法规范的行政行为；而间接"外化"是行政机关在内部程序中作出的行为，必须借助行政机关职权行为才能产生影响外部行政相对人权益的结果。③ 根据司法裁判立场，有法院认为内部行政行为的"外化"并不直接对外

---

① 参见叶必丰：《行政行为原理》，商务印书馆2019年版，第207页。

② 参见王学辉：《行政法意思表示理论的建构》，载《当代法学》2018年第5期。

③ 参见章剑生：《作为担保行政行为合法性的内部行政法》，载《法学家》2018年第6期。

产生法律效果，因为其未直接对行政相对人作出，也未对相对人的权利义务直接进行处理，判断其是否可诉取决于其对行政相对人权利义务产生的实际影响。

学界关于行政机关职权行为对于公民基本权的影响的判断标准有影响的严重性、目的性、期待可能性及预见可能性等，[①]其中以国家预见性作为判断依据的分析如下：第一，观察重点从行为态样移转到行为事实上的效果。基本权的“侵害”是对公民自由活动的阻止及妨碍，其态样可能为法律上的规制行为，也可能是事实行为。法律上的规制行为通过命令、禁止或允许来规制公民的行为，是典型的基本权利侵害。事实行为则以不具规制性的行为阻止公民基本权利的实际行使。以上分析显示出，公民基本权利行使实际上受到阻止或妨碍才是重点所在，观察的角度呈现宏观样貌，从以往囿于行为态样（法律行为）扩张到了行为所引发的事实效果上，故对于基本权侵害特性的认定，应以其所生事实上的影响效果为准，方为妥适。[②] 第二，只有以国家可预见性作限缩，事实上影响必定连结到国家行为，才能进入基本权侵害的讨论。但不可否认，由于行为所造成的事实效果因果链可以是无限远的，一项难题，即何等范围内的事实效果可以归结到国家行为上而构成对基本权的侵害的难题便产生了。其判断的基准在于：此一事实影响是否是行为的直接目的，若为肯定，则构成基本权的侵害；如果并非直接目的，而只是附随产生的事实效果，则考量影响的严重程度以及是否可预见或有所预见，即限于可预见或有所预见的对于基本权的重大影响，才构成基本权的侵害。因此，在内部行政行为对外产生实际影响的判断过程中，如果行政机关的表示行为与其内心意思不一致，应当

---

① 所谓目的性，指国家措施是以公民承受不利后果为目的，且此一不利效应并非只是附带的后果，即该措施系对公民自由的侵害；所谓预见可能性，是指当国家运用其权威所采取的措施引发一项不具目的性的附带后果时，公民基本权利受到重大影响，且这一附带后果是国家事先可以预知却仍任其发生的，则可认为是基本权利侵害。参照林三钦：《论基本权利之侵害》，载《宪法解释之理论与实务》（第2辑），中山人文社会科学研究所2000年版，第451页。

② 参见罗许生：《内部行政程序研究》，法律出版社2019年版，第291页。

以其外在表现为准。[①]

若以此理论来理解《行政诉讼法》中"实际影响"的判断标准也应是不失妥当的。因此,第一,对于"实际影响"的判断也应将观察的重点从行政行为的形式论转移到行政事实的效果上来。无论是行政行为还是事实行为,无论是内部的还是外部的,只要可以影响行政相对人的权益,就可以确定存在外部法律效力。正如江必新所说,"这里的实际影响与正常的法律关系有关。如果执行后未执行此操作,则可能会进入执行过程。结果就是权利和义务在某些情况下,对权利和义务产生实际影响:第一,该行为已被执行,然后已被充分执行;行为是一种强制手段,例如在紧急情况下,不被强制执行,但已确立并约束当事方;第四个是违反事实的事实,例如殴打或破坏财产的事实。随后,损害结果将逐个显示"[②]。同时,为了避免这种"实际影响"在因果关系链上无限延伸,从而产生如波状般的扩散效应使行政诉讼的受案范围大幅扩张,[③]应寻求另一条标准作为"闸门",即第二,行为影响的可预见性。根据公权力的客观意义内涵,行政行为必须涉及利害关系人权利或义务或法律地位的规范,[④]然而其存有甚多边缘地带,判断上并不容易。因此,法律效果的产生应限于该行政行为对相对人的权利义务造成的直接影响,若非属法律上利益或仅是间接受有影响,则不具法效性,而法效性的有无须针对行政机关就该具体个案的行为进行判断。根据法律上的规定,以客观上所显示出的结果为准。这里的直接性应该包含行政机关意思性及目的性等相关内涵,即指依某种公权力措施在主要内容中针对公民表示——不论已明确表示或者必须自其意思表示内容推导出——其所意欲的法律效果。因此,有学者认为当某一行政措施缺乏针对

---

① 参见姜明安主编:《行政法与行政诉讼法》,北京大学出版社、高等教育出版社 2019 年版,第 157 页。

② 江必新:《中国行政诉讼制度之发展:行政诉讼司法解释解读》,金城出版社 2001 年版,第 149 页。

③ 借用章剑生教授的比喻,产生影响的行政行为好比一粒石子,而相对人好比一池清水,将石子投入水池,除了溅起的水花以外,还有一圈圈向外扩散的涟漪。

④ 参见程明修:《对公务人员职务调整处分的行政诉讼》,载《法学讲座》2003 年第 16 期。

此法律效果的主要内容，但却发生了法律效果时，此一非主要内容所引发的法律效果不能作为认定该措施具有行政处分特征的理由。① 但是，直接性的认定并非仅就行政行为所直接针对的对象而言，若行为产生附随的事实效果，则须继续考量影响的严重程度以及是否可预见或有所预见，即限于可预见或有所预见的权益影响。

内部行政行为运行于行政主体或主体之间，效力范围仅停留于行政组织体内部，其对外部相对人权利义务产生的影响是不确定的，也无法肯定行政行为的最终内容是否会对相对人权利义务产生不利影响，起诉内部控制措施通常是不可能且不必要的。但是，实际上，某些行政实体的内部劳资关系是通过授权行为“外部化”而对外部相对人的权利义务产生影响的。这对另一方具有真正的法律效力，并影响另一方的权利和义务。行政措施的效果对交易对手的权利和义务产生实际影响。根据行政救济的基本理论，只要行政机关的行政行为对另一方的合法权益产生不利影响，其就可能会被起诉。这不仅是行政程序目标的实现，还是行政程序领域法律平等保护原则的体现。

以上关于法律效果的正当性的理解并非仅具理论意义，还会对内部行政行为是否可诉的合理解释产生影响。立足于司法实务，再次对搜集到的案例进行整理分析，可以发现法院不约而同地援引“法律效果”作为相应判决的理由，虽然使用的相关词语不一而足，有如否定性词句——“未对权利义务产生直接影响的”“未直接对上诉人发生法律效力，对其权利义务不产生实际影响”“对相对人的权利义务不能直接产生影响”“未对原告的权利义务产生实际影响”“并未给当事人设定新的权利义务，未对上诉人的权利义务产生实际影响”“不能在法律上产生新的权利和义务关系，不具有行政法律效力”，也有如肯定性词句——“对行政相对人的权利义务产生了实际影响”“实际对原告的相关利益产生了影响”“产生了实质性影响”等。这一援引“法律效果”的说理为内部行政行为的可诉提供了理论正当性。“外(部)化”作为一种法律上

① 参见程明修：《对公务人员职务调整处分的行政诉讼》，载《法学讲座》2003 年第 16 期。

利害关系建立的方式和司法监督行政的链接在司法审查语境中得到机能释放，为“没有救济就没有权利”古谚的诠释提供了完美注解。

在上述进阶分析中，笔者在每项的分析中都做出了不同的预设——“外部化”在何种意义上使用、“外部化”是否通过行政职权为之以及职权的主体是否同一、“外部化”后是否产生法律效果。显然，每种分析的可能性组合都会产生不同的法律关系，对于内部行政行为的影响亦是不同的，因此在处理个别案件及进行规范诠释时，对于“外部化”的判断应在前述多元理论框架下予以交错考量。

5 “外部化”的判断脉络:一项尝试走出迷思的实践谱系

“外部化”作为对争议行政行为的“行为形式与最终法律效果”加以审查而建立的技术性概念,是弥补我国行政法规范与理论不足的特色司法现象。如果暂且不涉及造法层面的司法政策上的思考,仅从《行诉解释》第1条的实定法规范架构出发,“外(部)化”的引入及对它的未来理论构造,不仅具有行政法学理上的意义,还对行政实务以及法院的裁判深具实用价值。但是从上述司法实务与学说见解可以得知,内、外部行政行为的区分在个案中已非属易事,若想再对“外部化”进一步建构出通案适用的客观区分标准,更是难上加难。虽可抽象性地泛称判断行政行为是否具有法律效果,但此等抽象法则适用于具体个案时,却往往因缺乏较为细腻的判断标准与思考路径而难以掌握与操作。因此,本部分拟在上述“外部化”构成要素的提炼与分析的基础之上,尝试建构一项较具操作性的“外部化”判断脉络。对于“外部化”的未来理论构造,如有关事实与法律问题单纯且明确,可以明确作成单一正确决定情形,理论上经由严格的思考模式与推理层次,即可轻易达成合法性控制与权利保护目的。简言之,完善的体系化理论构建,确实可发挥“外部化”的功能。同时需要交代的是,本部分所尝试建构的“外部化”理论构造并非如同数学公式般的恒定法则,而仅在于为判断“外部化”的有无提供一项相对标准化的思考模式与路径,此先叙明。

5.1 判断进路的思考模式

5.1.1 行政过程论的方法指引

国家或行政机构存在的基本或目的、国家与社会或公民之间的关系以及国家或行政事务的内容是宪法或行政法的核心。根据法律行政原则，理解和评估行政法的目的一直都是从法律的角度着眼于控制行政活动，以解释行政外部行为及其问题。通过行政活动的各种行为对传统行政法理论设计的控制机制进行分类和抽象，以界定行为的容忍度和范围。就行政法学的体系结构而言，也就形成了偏重行政的行为形式理论，[①]其中又以行政行为概念构成行政法体系的核心概念。简言之，行政行为概念构成行政法的支配性概念之一，而以行政行为所标志的制度，又成为行政法的支配性制度。但随着法治主义（形式的法治主义与实质的法治主义、实体的法治主义与程序的法治主义）与国家观念（“警察国家”、“夜警国家”或“市民法治国家”、社会或福利国家）的发展，行政的行为形式理论逐渐陷入有关法教义和与现实经验脱节的现象日趋严重。

对于传统行政法学理的问题，有学者认为其一即在于缺乏形成的视点。[②]审查行政活动是否符合法律，一直以来都是以行政活动过程中某一个时间点的行为为审查对象，以及确定权利义务关系或者说法律关系基准点的思维框架，已经无法适应行政法不断发展下所面临的实际情况。也就是说，在某些情况下，可能不仅需要考虑法律关系的特殊性，还必须考虑行政人员与公民之间关系的事实，并延迟对行政活动的法律控制。建立法律关系之前要考虑的事实（决定或塑造过程的事实）和未来发展的事实（保持法律关系等）。简言之，

① “行政的行为形式论”是指对行政过程中的各种行为进行类型化的区分，并分别探讨对各种类型的行为如何进行法律规制的理论。该理论以在行政法关系中进行行政的各种各样的活动作为对象，探讨行政使用何种类型的活动形式、其要件和法律效果如何、在此被要求的程序规则如何等。

② 参见高秦伟：《行政过程中的政策形成——一种方法论上的追问》，载《当代法学》2012 年第 5 期。

传统行政行为形式理论仅为处理某一时点或空间现象的局部的、静态的理论,对于该决定前或后的时空背景因素(相关经验事实或法律关系)并未给予应有重视。传统行政行为形式理论对于行为形式产生某种效果的过程以及未来如何发展并不重视,只重视各种行为形式最终产生的法律效果。比如,整体观察行政活动可以发现,有时行政为达其任务或目的往往须同时或先后结合、运用各种行为形式,且通常须有其他行政机关、相对人、利害关系人等主体的配合或帮助才能完成。此时,如果审查对象只是从复杂行政活动中挑选出的某一固定结构化或未固定形式化的行政行为,并且依此来判断或检讨有关行政法律关系,那么是无法清晰完整地掌握行政法现象的。除此之外,采用这种方式是否能够判定特定具体行政行为的法律效果,对此亦有疑问。例如“延安某建筑公司批复案”中,在延安市人民政府组成事故调查小组、事故调查小组作出调查报告、延安市安全生产监督管理局作出批复等一系列的行政活动流程中,出现了多种行为形式、各阶段审查程序(内部程序及外部程序)以及可能涉及的各种关系机关或公民等。简言之,某个行政活动从始至终会涉及大量的各种各样的行政机关内部行政行为或外部行政行为、法律行为或事实行为。这种行为除纳入既存行政行为形式者外,其他如对关系行政机关所为意见征询、备查或同意、会议决议纪要、与相对人或利害关系人的协议或对话、承诺或保证、行政调查、公文起草签办、公告等各种行为,应否纳入作为法评价或认识对象以及应如何检讨其法律要件及效果(包含这些行为与行政法的一般原理、原则的关系)等问题,单纯依传统行政行为形式理论恐无法恰当处理。① 对此,有学者认为行政法学理论应作相应调整或予以根本重建,以因应逐渐迫切的理论与实务需求。②

由于前述传统行政法学理论本身存有若干局限,且无法充分因应现代行政的特质与需求,对此一理论困境,学者们提出了各种解决方法。其中,随着

---

① 参见赖恒盈:《行政法律关系论之研究》,政治大学2002年博士学位论文,第54页以下。

② 参见陈春生:《行政法之学理与体系:行政行为形式论》,台北,三民书局1996年版,第13页以下。

“依法行政原理”成为行政行为实施的前提,“行政主体”与“相对人”对立的二元模式、对行政“内部关系”与“外部关系”相区别的公式、以“行政行为”概念为中心的救济机制等重大问题也被提起,以发现问题并谋求解决途径的“行政过程论”逐渐为各方所重视。①

行政过程是指一系列法律性或非法律性作用构成的复合的、连锁的行政作用的组合所形成的过程。任何一个完整的行政活动都是复杂的连续过程,由若干环节或步骤组成并分段进行。② “行政过程论”的观点中最主要或最核心的观点是对于行政过程进行全面、动态考察的观点。③

一个总体迹象是,需要包括一个纯粹的政府决策过程。行政程序理论的学者认为,每个程序都有法律意义,但是在传统的行政法学理论中,只有最终决定才是值得的,而纯粹的内部决定程序不属于行政法领域。对于动态研究,传统的行政法学理论认为,行政程序的最终结果,即受理论约束的行政行为及其法律性质与各种行为形式之间的联系是分开的。而现在的程序理论的核心是,响应现代行政管理的复杂性和多样性,行政活动被视为积极、动态地进行研究的时空法则。

“行政过程论”作为一种方法论,其最重要的意义在于实践中的应用。在行政实践中,传统行政法学理论把内部行政行为排除在行政诉讼的受案范围之外,但若以“行政过程论”的观点分析,内部行政过程也是行政过程的重要组

---

① 关于“行政过程论”的研究,已有相当多的学术成果,例如刘宗德:《日本行政法学之现况分析》,载《行政法基本原理》,台北,学林文化事业有限公司 1998 年版,第 63 页以下;陈春生:《日本之行政过程论浅析》,载《行政诉讼论文汇编》1998 年版,第 3 页、第 39 页以下;江利红:《日本行政过程论研究》,中国政法大学 2008 年博士学位论文;等。

② 参见朱维究、阎尔宝:《程序行政行为初论》,载《政法论坛》1997 年第 3 期。

③ 与传统行政法学理论相比,“行政过程论”的特点在于:第一,对象范围的扩大。传统行政法理论仅考察作为典型的权力性作用的行政行为,而“行政过程论”着眼于现代行政手段的多样化,将行政过程中的各种行为形式都纳入行政法学的研究范围之内。第二,动态的分析。传统行政法学将行政过程从横向上划分为各种行政行为,对这些行政行为进行分别考察,而“行政过程论”将行政过程作为复数行为的结合或连锁予以考察。第三,多方关系的关注。传统行政法学仅考察作为行政法律关系主体的行政主体与直接相对人之间的关系,而“行政过程论”将直接相对人以外的利害关系人也纳入行政法学的视野之内。参见江利红:《日本行政过程论研究》,中国政法大学 2008 年博士学位论文,第 65 页。

成部分,它的合法性对于行政过程的结果——(外部)行政行为的合法性有着直接影响,所以,检讨此类问题时,仅注意法律上行为形式是什么并不具有特殊意义。简言之,问题重点应从个别行为形式转移至行政过程所构成制度的妥适运用方式上,把行政内部运行过程纳入行政法学的视野,并在与其他行为形式的关系上进行考察。同时,由于行政过程的动态性与司法实务中法院的裁判过程具有相似性,“行政过程论”全面、动态的考察方法也同样适用于司法过程。[①] 基于此,本研究拟以行政过程的方法论为指引作为秩序框架的构思。

5.1.2 管辖权变更的效力分辨

就学说上的解释,行政管辖是指依法规将一定事务分配给各行政机关的准据。现代国家的行政任务多元化,为了有效划分和处理各项庞杂事务,管辖就成了一项重要的制度。它一方面划分各个行政机关的任务范围,另一方面确定各个行政机关处理行政事务的权责领域,即行政管辖权。[②] 行政机关在其管辖权范围内从事公权力行为,其所产生的权利或义务最后归属于所属的行政主体。行政机关与行政管辖之间具有互为条件的关系,行政机关须有法律派分其一定的事务权限,才能成为行政机关。相对而言,也只有行政机关才能成为行政管辖的承担者,非行政机关(如内部单位)不产生行政管辖的问题。就此,可将管辖权作如下理解:对组织内部而言,行政机关在法规范下享有管理的权力并形成其义务;对其他行政机关则构成权力的界限,其他机关没有法规依据,不得任意介入。行政机关的管辖权基本上可分为三种,即事务管辖、土地管辖和层级管辖。为了达成管辖的功能与运作,法律规定其不得任意设

---

① 相关案例,可参照本研究的相关整理。

② 与行政管辖权紧密相连的概念是行政机关的“权限”。“管辖权”与“权限”虽常作为同义词替换使用,但严格而论,二者仍有区别。管辖权是就主观的观点,指行政主体或行政机关执行特定行政任务的权利与义务。而权限是就客观的观点,指行政主体或行政机关执行该特定行政任务的权利或义务的内容或标的。换言之,权限是管辖权的标的。参见陈敏:《行政法总论》,2009 年自版发行,第 930 页。

定或变更，即管辖恒定和管辖法定原则。[①]

行政机关的管辖权原则上应严守管辖恒定原则，但行政事务庞杂多端，社会情况复杂多变，行政机关管辖权的划定很难一成不变。因此，作为恒定原则的例外就显得尤为必要。同时，行政机关权限内的事项虽以自行处理为原则，但基于实际需要或遇有若干困难的情形，也有与其他机关或公民相互融合（如指挥或合作）的必要。这些情形构成了法定管辖变动的原因。关于法定管辖权的变动，依相关法的规定与学理研究而论，其样态也相当繁多，如因法律修正、机关裁并、行政授权、行政委托和移转管辖等类型。根据本研究的意旨，以下仅讨论与主题相关的管辖权变动情形。

行政授权是指行政机关（授权人）在法律法规允许的条件下，通过合法程序和形式将其全部或部分行政权力授予有关组织（被授权人），这意味着有关组织可以行使职权——以有关组织自身的名义。行使权力并担负具有权力效力的法律制度是中国行政法的法律定义。它既不是指法律或法规中确立的行政权力，又不是指行政机构对行政权力的授权。其最显著的法律特征在于以创设行政主体或新的行政主体为授权结果，从而使被授权人在行政诉讼中具有被告的资格和地位。这也是行政授权与另一种变动情形——行政委托的关键性区别。行政委托是指由于管理的需要，行政主体（委托人）委托另一个行政主体或其他组织和个人（受托人）以委托人的名义履行职能或办理其他事务。在此项法律制度中，其行为效果最终归属于委托人。同时，这一可能产生设置行为的主体并不是行政主体变动的法律效果。所以，在行政诉讼中，被告只能作为委托人的主体，受托人不是被告。[②] 介入，作为管辖权变动的一种态

① 管辖恒定原则其实和管辖法定原则息息相关，因为即使管辖权的范围和划分是由法律加以明定的，但如果允许当事人协议加以变更，或行政机关自行决定移转权限至其他行政机关，管辖法定原则也将荡然无存。管辖法定原则着重于回应民主正当性和法律保留原则的要求，以及是不是有法律的规范以及规范的密度。管辖恒定原则是由管辖法定原则派生出来的，进一步巩固管辖的机能，保障行政机关的权限不受其他机关的干涉以及公民的权益不会受到侵害，其所要求的是行政机关或当事人不得任意变更法定管辖权。

② 参见胡建淼：《行政法学》，法律出版社 2015 年版，第 553 页以下。

样，有学者将其称为“干预”[①]，或从发动者的角度将其称为介入权，是指原无管辖权的机关直接行使其他机关的权限，其类型可因行政机关的层级关系分成水平介入和垂直介入两种。水平介入是指同一层级的行政机关直接行使其他机关的权限；垂直介入则是指具有隶属关系的上级机关直接行使下级机关的权限。需要注意的是，介入虽属管辖权变更的一种，但并非法规范。一经规定，践行移转程序后其他机关即享有该移转的权限。它的发生还需具备如情况紧急或原管辖机关未行使任务等条件，如此才可例外变更由其他机关介入执行，直到该任务处理完毕。

这里有一个容易混淆的相关概念——行政协助。[②] 行政协助，也称行政支持或工作支持，是实施行政权力的过程中，一个行政实体与另一个行政实体合作，根据自身情况和公共需求实施相同或共同的行政行为的相关法律制度。[③] 行政机关虽各有其管辖范围，基于管辖法定原则，应由该机关执行权限，但有时该机关的能力无法负荷该行政任务，或由其他行政机关配合协助执行行政成本较低时，基于行政一体以及公民权利保障应无漏洞、国家是为人民存在的人民主权原理，行政机关即有在职务上相互协助的义务，此即职务协助的法理基础。[④]

---

① 参见吴庚：《行政法之理论与实用》，2010 年自版发行，第 183 页。

② 如果从行政协助是一行政机关介入其他行政机关的权限行使，协助其执行业务的角度观察，广义上而言，授权、委托和介入都可为职务协助的概念所涵盖，这也是部分学者所持有的见解。参见李震山：《警察行政法论：自由与秩序之折冲》，台北，元照出版有限公司 2009 年版，第 69 页。

③ 参见胡建淼、江利红：《行政法学》，法律出版社 2010 年版，第 140 页。

④ 参见李震山：《论职务协助行为及其救济之相关问题》，载《台湾本土法学》2002 年总第 30 期，第 100 页。

学理上认为，行政协助需具备被动性[①]、例外性[②]、辅助性[③]和必要性[④]四种特征。从该特征说明中即可清楚看出，行政协助时权限并未变更，不涉及管辖恒定原则的例外，更不属于权限移转，被请求机关仅是辅助原机关达成其业务，管辖权自始仍在原机关“身上”。同时，执行的任务也具有临时性和例外性，具有个案的短暂性质，不在被请求机关原本的任务范围，而是只有当请求机关要求时，才另外发动。[⑤]

管辖权制度的设立不仅可以确认行政事务的分配及权责归属，确保行政任务的完成，还使公民了解公务洽办的责任对象变得更加便利，当权利受到侵害寻求救济时，方便相对人寻求责任归属主体。这种救济法上的功能主要体现在管辖机关的认定上，而对管辖机关的认定的核心即是确定行政行为的作出机关。《行诉解释》第 19 条规定：“当事人不服经上级行政机关批准的行政行为，向人民法院提起诉讼的，应当以在对外发生法律效力的文书上署名的机关为被告。”我国学说上称此判断方式为“显名主义”，是指被告的判断以该行政行政作成时署名于上的行政机关为准。以此方式作为管辖机关的认定标准，主要是基于其简单易行。例如，2021 年新修订实施的《行政处罚法》第 59 条第 2 款规定，“行政处罚决定书必须盖有作出行政处罚决定的行政机关的印

---

① 职务协助程序的发动必须以其他行政机关的请求为要件，其目的是在尊重其他行政机关的权限，避免其他行政机关扩张管辖权的同时，借此加以宣示，原则上各行政机关应尽力自己达成任务，非必要不应依赖其他行政机关达成任务。参见蔡震荣：《论警察权行使与特定营业之管理——管辖权与职务协助性质之探讨》（上），载《法学讲座》2003 年总第 18 期。

② 职务协助是协助其他行政机关处理单一个案，从时间上来看，职务协助具有临时性，该个案处理完毕，职务协助即应停止，不能为长期通案的例行协助。因此，若该机关长期协助其他机关执行业务，即非职务协助的范围，而属法定管辖的一部分。

③ 在行政协助的过程中，协助机关处于辅助的地位，负责提供执行任务所需的支援，仅为如提供信息、准许阅览卷宗等辅助行为，任务的执行主体仍是该请求机关。若请求机关将主要任务交由协助机关执行，甚至由协助机关全部包办，则非单纯的职务协助，而是变更权限分配，将权限移转给协助机关。

④ 在职务协助时，权限并未发生变动，管辖权仍属原机关“本身”，因此原则上仍以该机关自行办理为宜，非为必要，例如该行政机关无力执行时，才得请求其他行政机关协助。此外，基于指挥监督关系，上级机关不得要求下级机关协助业务，因此上级机关无下级机关协助的必要，也无援引职务协助的功能。参见陈敏：《行政法总论》，2009 年自版发行，第 924 页。

⑤ 参见林合民等：《行政法入门》，台北，元照出版有限公司 2012 年版，第 95 页。

章”。因此，以显名于行政决定上的行政机关作为行为机关，不仅可迅速判断行为机关，还强化了行政程序上要求彰显行政机关的功能。这样的设计虽可简化行为机关的判断问题，但因应行政事务的多样化，行政行为的实际决策机关无法皆为行政行为所显名的机关，难免有名实不符的情况。因此，我国虽然明文是以显名原则作为行为机关的判断标准，但为了有效达成救济的机能，避免无法对实际作成行政行为的机关有效监督，不得不例外地承认在某些情况下也可以非显名机关作为行为机关。其目的是让行为的名义机关回归实际决策者，有效达成监督。对于这种显名主义的例外认定方式，有学者称之为实质主义。[①] 就此问题，本研究将在“5.3 判断进路中的例外排除模式”中进行进一步讨论，此处不再展开，合先述明。

5.2 判断进路的思考层次

在对内部行政行为外部化的构成要素进行提炼与分析之后，紧接着所要处理的问题是法院面对具体个案时如何判断。此等问题是实务中鲜少处理的问题，本研究为使法院在个案中可以精确作出决定，拟对此加以探讨，先讨论是否成立内部行政行为的判断方法，再讨论法院的审查顺序及思考层次，最后对整体的判断流程进行整理。

5.2.1 “外部化”之对象存在与否

“外(部)化”的引入的初衷就是解决内部行政行为的可诉性问题。因此，内部行政行为的存在是“外部化”得以适用的前提条件。换言之，“外部化”唯有在内部行政行为存在的情况下才有适用的可能，对于外部行政行为的可诉性而言，不存在也没必要存在“外部化”的适用。

在前述“2.2.3 本研究中概念的限定与阐释”部分，笔者结合案例对内部行政行为作出了描述性的界定，指出其最大的特征在于行为始于不同的行政

---

① 参见蔡志方：《行政处分机关的认定》，载《万国法律》2000 年总第 99 期。

机关内部互动之间、内容涉及一般公民(非公务员)的权利义务关系、法院介入审查行为的适法性,这也是我们对是否存在内部行政行为作出判断的重要依据。

根据内部行政行为的概念构成要素之行政机关内部互动的要求,争议行为的产生必须始于不同行政机关的内部互动,其通常表现为上级机关对下级机关的指挥或监督、下级机关对于上级机关的请示或报告、平级行政机关之间的协助或请求等。这种行为启动机关与行为作出机关之间的关联与互动往往是在组织法的规范内运行的,行为的效力范围仅在行政组织系统内部发生,受效力拘束的主体也仅是行政机关。这是对于“外部化”之对象——内部行政行为的主体要求。这一要求满足与否的判定对于区分内、外部行政行为最为关键。当然,内部行政行为的其他两方面要素——内容涉及一般公民(非公务员)的权利义务关系、法院介入审查行为的适法性等的满足也是必不可少的,具体可见前述“2.2　内部行政行为的关联”部分的相关研究。若换个角度思考该问题,对于本研究中的“内部行政行为”,在遇有辨识的困难时,可根据上述要素采“负面排除法”进行判断:学说与实务上渐渐整理出若干显然属于外部行政行为的行为类型,如果争议行为属于该类型之一,即可排除行为的内部性;如果行政行为的内容指涉的相对人是隶属于该机关的公务人员,这类行为虽具有内部性,但不是本研究所涵盖的行为类型,且其可诉性已被《行政诉讼法》明确排除;如果争议行政行为已被特别的法律明确规定不具有可诉性,也应当排除在本研究的认定之外。

内部行政行为的存在也并不意味着其全部都有接受司法审查的可能性,因为其可能还涉及系列问题,需要在前述“多元理论框架下的交错考量”下视情况而定。

如果内部行政行为是具有程序性而非终局性的行为,那么就需要考虑该行为能否被其他(后)行为吸收。行政行为的吸收是指当前一个行为被后一个行为代替或覆盖时,前一个行为的独立性失去意义,由后一个行为吸收前一个行为,前一个行为不再作为一个独立行为对待的法律制度。后一个行为得以吸收前一个行为的关键在于前一个行为的法律功能被后一个行为的功能吸收。对于法律功能已被吸收的前一个行为再进行单独的法律救济没有意义。[①] 在本研究所整理的案例中，关于这点最为典型的表现即为有“中介”行为发生的实务案例。笔者认为，对于有“中介”行为产生的情形，内部行政行为的法律功能通常会被该“中介”行为吸收，其与相对人发生法律关系的可能性会因此而被隔断或代替。这也符合前述“救济时点与成熟原则”要点的要求。对于没有“中介”行为的情形而言，始有因“外部化”而被赋予行政执行名义进而纳入受案范围的可能性。这也是“行政过程论”的应有之义。

5.2.2 “外部化”之适用意义为何

在前述4.3.1部分的研究中，“外化”有两种，即成立要件之外化和独立要素之外化。因此，在使用“外化”一词时，首先最为必要的即是明晰其所处的场境及所指的内容，通过对其不同意义的辨识，对争议行为的性质及司法审查走向作出认定。

如果在既定要求的意义上使用“外部化”，它将与它所指向的内容的“先前行为”联系起来，形成所要起诉的特定管理措施，并获得执行名称的状态。行动可能性的选择相对简单，因为行政诉讼法律制度对此应有明确的规定，且理论研究也已相对很熟，所以笔者在此不再赘述。“外化”只有在独立要素意义上使用时，其指向的内容——内部行政行为具有可诉性与否才是本研究的中心，也正是这种可诉的可能，才使接下来的判断富有意义。如“延安某建筑公司批复案”中，延安市安全生产监督管理局是基于上级主管机关的地位对下级机关的调查报告作出的批复，此意思表示的性质仅是行政机关内部对个案争议的法律适用表示见解，而不是对外部相对人所为的法律行为，并不对外发生具体特定的法律效果，因此该行为不符合通常意义的具体行政行为的成立要件。这不仅满足了“外化”的对象要求——内部行政行为的存在，还进一步

---

① 参见胡建森：《行政法学》，法律出版社2015年版，第134页。

佐证了该案中“外化”的适用意义——独立要素之外化。

在我国台湾地区也有类似观点，如有观点认为，上级官署自动决定办法令饬下级官署遵照执行者，究为何级官署之行政处分，应分别情形定之，上级官署如已将其决定之办法，自行对于人民为行政处分，因而令饬下级官署执行者，固为上级官署之处分，若上级官署之自动决定办法，不过为国家机关内部意思之决定，而其令饬下级官署执行，即系指示其对于人民为行政处分者，仍为下级官署之处分。该观点较具启发意义，不仅告诉我们在该判断层次里，应该注意执行名义本身与执行名义执行的不同，还提醒我们，作为动词的“外化”之作出主体可能不同，即外部化行为的作出主体的差异对于争议行为的性质以及行为责任的归属具有再判断性。由此观之，这不仅启发了我们下一步应努力的方向，还证明了笔者对于外部化之判断脉络的第三层次构建的合理性。

5.2.3 “外部化”之职权主体是谁

行使公共权力是“外部化”的条件，对此不应有异议，内部行政行为只有经过行政职权行为发生了外部效果后，才具有外化的可能。① 这里要讨论的重要一点是，执行内部管理动作的参与者是否与“外部化”内部管理动作的参与者相同。如果他们相同（“内部化”），并且批准或不批准的权限在上级权限中，且通知了另一方，则应该发生外部影响，该影响主要体现在行政制裁上，②则将判断的思维推进到第三个层次；如果不同一，即“异体外化”，则可以得出结论——该内部行政行为不具可诉性。这一层次也是“外部化”整个判断进路中最为复杂、与其他理论关联最紧密的一环。

为什么要强调主体的同一性（同体外部化），而不是行为作出之外的其他行政主体之异体外部化？对此，笔者作以下简要分析。

---

① 参见熊勇先、苗玉霖：《司法视域下内部行政行为的外化条件》，载《法律适用》2021 年第 8 期。

② 参见台湾行政法学会主编：《行政法争议问题研究》（上），台北，五南图书出版公司 2000 年版，第 400 页。

第一,这是受“交叉无效”原则约束的必需。① 内部行政行为是上级行政机关对下级行政机关本于职权所为的内部指示,是交由下级主体作成行政行为的依据或程序上的要求,并非上级机关作出的、交由下级直接执行的行为,也非对公民所为的行政行为,更不因此对公民发生具体的法律效果。若下级行政机关直接将其副本送达至相对人,则会因“交叉无效”原则而失去行为意义;如果下属机构根据监督机构的内部控制措施执行某些特定的管理措施,则会将具备法律依据的证据副本提供给行政相对人。这种情况在法理层面上是有继续探讨的余地的。笔者的基本观点是,因为有时依据法律的规定下级主体欲作成一合法行为,必须取得上级主体的同意(或批准等参与行为),所以下级主体取得上级主体的同意(或批准等参与行为)既是实体要件的满足,又是程序正义的要求,若下级主体将上级主体的同意副本送达相对人,仅能证明下级主体的行为已经符合法定程序的要求。

第二,这是尊重内部行为主体意思表示之主观真意的表现。行政法上的意思表示是指表意人将其意图发生一定行政法上法律效果的意思表示于外部的行为,而其法律效果由法律予以确认。行政法规通常欠缺有关行政法意思表示的规定。民法有关意思表示的规定与法理一般是法律原则,可适用于行政法上的意思表示。结合民法学说,意思表示由意思与表示两个要素构成。前者为主观要素,为行为主体内部的心理活动状态,又可分为行为意思、表示意识及效果意思;后者为客观要素,是指行为主体将其内心的意思表示于外部的表示行为。该行为主体可以是公民,也可以是行政机关。对公民而言,意思表示可以是形成公法上法律效果的一种手段,用以开启行政程序或作为行政行为的合法性要件,设定、变更、消灭行政法上的法律关系。行政机关是否有受意思表示拘束之意的判断基准,原则上依民法中有关意思表示的解释原则,秉承真意探求,以过去的事实及其他一切证据资料作为断定的标准,而不得拘

① 外部行政行为不能适用于内部相对人,内部行政行为不能适用于外部相对人。参见张焕光、胡建淼编著:《行政法学原理》,劳动人事出版社 1989 年版,第 68 页。

泥于所用的词句。[①] 当行政机关的意思表示意义不明或有多重意义而对其产生疑问时，应注意其相对人对表示内容在客观上所得期待的意义，即采行受领人观点，以受领者的认识为准。只有相对人所认识的意义不合法且有其他合法的意义时，才基于行政机关受依法行政的拘束，应对其意思表示为“合法律之解释”。[②]

所谓“发生法律上的效果”，是指发生法律状态的变动除涉及行政与公民之间的法律关系外，还包括行政内部法律状态的改变。若其法律关系的改变非表意行为所致，而仅依法律直接规范产生，则为行政事实行为，非为行政法上之意思表示。[③] 该法律效果通常为外部效果，不是事实上予以承认，而是依行为所意图者。因外部效果而将外部行政行为与内部的行为予以区别。内部的行为即使含有规制性，也不是外部行政行为。行政内部的行政机关相互间的行为，如批复、同意、行政规则等不是外部行政行为。内部行政行为的作出主体的意思效果仅在行政内部，欠缺对外效力。如果其他主体在没有行为主体授权或委托的情况下将之依职权“外部化”，不仅违背行为主体之真意，还与行政法上的意思表示的方式及通知的要求不合[④]，更为严重的是，“外部化”后的行为缺少了“发生法律效果的目的”，又沦为了“事实行为”的性质。[⑤]

第三，这是避免多阶段行政行为之“前阶行为”被诉。法定的正式送达主体除了行为主体本身之外，还包括邮政系统或受嘱托的其他主体。多阶段行政处分是指行政处分的作成须二个以上机关本于各自职权共同参与，设若先前阶段之行为仍为内部意见之交换或行政内部之表示，此际具有行政处分性质者乃属最后阶段之行为，即直接对外生效之部分。[⑥] 纯粹行政内部的同意或

---

① 一般而言，行政行为的外观形式极为重要。但即使如此，也不容许行政机关依外观的形式选择自己规定行政行为的法性质，以容认或排除特定的权利保护。

② 参见陈敏：《行政法总论》，2009 年自版发行，第 828 页。

③ 参见李建良：《行政法上之意思表示》，载《台北大学法学论丛》2002 年第 6 期。

④ 参见陈敏：《行政法总论》，2009 年自版发行，第 827 页。

⑤ 事实行为可分为两类：一是无法效果的单纯事实行为；二是伴有间接法效果的事实行为。

⑥ 参见李震山：《行政法导论》，台北，三民书局 2011 年版，第 340 页。

不同意并非可诉的具体行政行为,相对人自不得对其提起行政诉讼。判断行政行为由何机关作出,应以行政行为是以何一机关的“名义”发出而具有法律效果而定,并不以内部经何种监督程序而定。类似的情况可能亦会发生在“须协力行政行为”之处。关于这一点的具体论述,将在下文“5.3 判断进路的例外排除模式”之“多阶段行政行为的解释策略”予以论述。

第四,这是管辖权法理的意旨。① 为确保行政的统一,并避免各机关行政作用的重复、矛盾及推诿塞责,明确各机关主体的管辖权界限就成了行政法律制度的必然命题。“管辖规定之绝对性”要求各个机关既不能放弃应有的管辖权,又不得侵犯其他机关的管辖权,除非发生“紧急管辖权”、“介入权”以及“权限之授予”等法律允许的管辖权变更情形。作为上述特例情形之一类,上级机关只有在法律明文规定时,或在有迟误之危险时,或受监督机关不服从监督机关指示时,才得以“垂直介入”下级机关管辖之事务。否则,即使上级机关享有监督权限,且对管辖的事务有较多的专业知识,也不能因之过问下级机关的事务;反之,将违反就近管辖以及完全层级流程的要求,更会破坏管辖恒定和法定原则。② 因此,如果将“异体外部化”情形概括性地纳入行政诉讼受案范围,终将使得审判陷入困境——即使上级机关的内部行为满足实体合法性,也会因有违管辖权的法理意旨而引起程序正当性的考量,同样的窘境也将不可避免地出现于上述其他理论情形。

这样的要求不仅具有理论意义,还符合维护行政效能的行政管理实际。如果其他任一享有行政职权的主体均可以将内部行政行为“外部化”,可能导致上级或协力行政机关不愿意作出具有指示性、监督性或协助性的行为,这不仅与法律不符,而且最终也是对行政相对人利益的一种损害。

5.2.4 “外部化”之法律效果有无

根据前述“4.3 构成要素的进阶分析”之“解释模式:法律效果的回归”

---

① 有关管辖权理论,可参见前文“5.1 判断进路的思考模式”之“管辖权变更的效力分辨”。

② 参见陈敏:《行政法总论》,2009 年自版发行,第 942 ~ 943 页。

的具体阐释可知，法律效果的有无及其判断标准是行政行为能否纳入司法审查的关键性要件。[①] 该层次所要表达的是尽管内部控制措施符合“外部化”的前两个级别的要求，但仍然可以起诉不会不利于交易对手合法权益的内部控制措施。这也符合《行诉解释》第1条第2款第10项“对公民、法人或者其他组织权利义务不产生实际影响的行为”的规定。

与前两个级别相比，此级别决定内部行政行为的“外部化”是否具有法律效力，不仅引起争议，而且通常更容易区分。这正是此级别的可读性。在某些司法实践中，法院可以从判决的清晰程度、便宜程度和司法资源节省程度等来考虑，同时从法律效果要素的层面上，确定内部行政行为是否满足“外部化”的构成要素。但不得不强调的是，在特殊情况下，对是否确切地具备法律效果的判断亦并非易事，仍需借助于“救济时点与成熟原则”“反射利益与保护规范理论”等理论的考察，具体可见前述“3.3　‘外部化’初思辨：多元理论框架下的交错考量”部分。

随着判断的层层推进，对于“外部化”真正的实现已清晰可辨。对于法院在个案中面对涉及内部行政行为外部化的情形，本研究已从要件分析及思考层次，乃至具体为判决中所应考量的因素加以详细讨论。整体而言，只有满足“外部化”的对象——内部行政行为的存在、“外部化”的适意——独立要素的性质、“外部化”的主体——运用公权的同一主体、“外部化”的效力——法律效果的产生等四个条件，“外部化”后的内部行政行为才具有可诉性。通常情况下，上述四个层次的推进即可完成“外部化”的判断。但是，这也并非如同数学公式般的恒定法则，为了理论的周延性，仍需在兼顾特殊情形的例外模式下继续周全理论的完善与实务的选择，从而形成完整的、体系化的理论建构。

---

① 当然，也有观点认为，是否产生实际影响应当是诉讼完结之后的判断，在提起诉讼时是无法判断和证明的。如果当事人以有“实际影响”为由提起诉讼，人民法院应当受理，法院审理后如果认为没有产生实际影响，则驳回起诉。参见胡建森：《行政诉讼法学》，复旦大学出版社2003年版，第40页。

在此，为求理解上的便利，笔者对本研究的判断层次进行缩略（见图 1）。

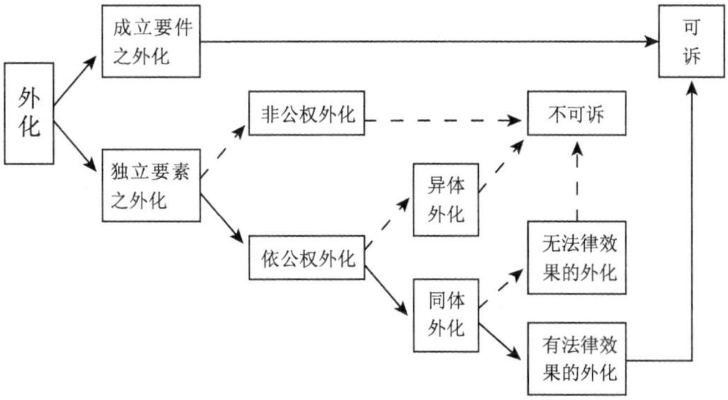

图 1 “外（部）化”是否为可诉的判断层次

注：笔者制图。为了理解的直观与便利，图中对于“外化”适用的前提性条件——内部行政行为存在不再列出，仅对“外化”得以适用后的其他三个条件加以描述。图中所示实线的延展即为可诉要件的满足，其结论是可诉的；虚线的分离即为可诉要件的中断，其结论是不可诉的。

5.3 判断进路的例外排除模式

5.3.1 多阶段行政行为的解释策略

5.3.1.1 多阶段行政行为的基础理论

当下，现代行政法治发展得越来越完善，行政机关所面对的行政事务也随之逐渐变得数量庞大、种类庞杂、程序烦琐，通常需要两个或多个行政机关皆作出决定或作出内部或外部的行政行为进行处理，由单一机关处理单一行政事务的情况已逐步减少。同时，多机关经由多程序或多行为进行行政处分就会形成多阶段行政行为，随之而来的是更多的难题，诸如多阶段行政行为具有哪些共同特征即怎样进行识别、前阶段的行为和后阶段的行为是否同一性质即怎样定性、若最终之行为处于决定性地位但却属于行政内部行为时该如何救济等。对此，我国台湾地区的研究较为充分，其中借鉴与参考最多的是德国的理论见解。德国相关理论认为，行政程序的开始或终结并非基于单一的行政处分，相对应地，某一行政处分的作出并非只经过单一的行政程序。

德国法律中对多阶段行政行为有狭义、广义、最广义之分。多阶段行政程序是因行政机关作成部分许可或先行裁决[①]的决定而使行政程序被划分成多个阶段,从而形成多阶段行政程序,此为德国法上对多阶段行政行为的狭义见解。之所以形成此见解,主要与德国重大开发案件的裁决程序有关。对于此类案件,通常需要部分行政机关先行裁决或作出部分许可之决定,目的是提高案件审查的精确性,但由于此类裁决或许可性质是具有终局决定效力的行政处分,将整体程序划分为多个阶段。此外,重大开发案件本身的复杂性也决定了行政程序的多阶段性。德国法上广义的多阶段行政行为是指如依法律规定,其他行政机关所作决定虽然不具有对外约束力,但对于整体行政程序中行政机关的最终决定具有重要性,则两者所构成的程序为多阶段行政程序。可以看出,广义的多阶段行政行为概念试图将多阶段行政行为纳入进去。最广义的多阶段行政行为是指两个独立的行政程序,只要内容上具有关联性,或者前阶段的决定是后决断所作决定的前提,二者结合而成之程序即为多阶段行政程序。

在此借鉴基础上,我国台湾地区学者多采狭义见解,即多阶段行政行为指的是先将行政程序的复杂决定过程分解成多个独立行为,再由这些独立部分阶段式地实现整体决定,着眼于行政程序中决定客体的分配;同时注重将多阶段行政程序与多阶段行政行为进行区分,认为多阶段行政行为指的是先将事务决定权限分配给数个机关,再由数个机关共同协力于一个行政行为的作成,着眼于行政机关的权限分配。多阶段行政行为与多阶段行政程序虽然在形式上皆具备多阶段的特征,但是多阶段行政行为须多个行政机关参与或协力作成,而多阶段行政程序可能由多个行政机关或一个行政机关参与。

以上理论见解折射出多阶段行政行为理论的复杂性,在实践中也会遇到

---

① 参见杨才锋:《从多阶段行政程序环境影响评估法制之应有变革》,台北大学2014年硕士学位论文,第6~7页。先行裁决与部分许可的共通性在于皆为多阶段行政程序之要素;不同点在于前者仅能对个别许可要件的重要性问题予以确认,而后者可强制性地要求所有许可之要件皆存在,具有形成效力之法律效果。此外,部分许可也会产生暂时性积极整体判断之效力:此效力并非针对终局许可效力,而是暂时性确定,随后会发展成行政处分的一部分,同时许可机关会受到暂时预测的拘束,因此申请人以其持有之计划可根据部分许可逐步计算获得许可之可能性,因此暂时积极整体判断也具有确定之担保功能。

诸多难题。为进一步明确本文的研究，结合上述见解，笔者认为，多阶段行政行为是指需其他行政机关的同意、核准或表示意见，在行政内部予以协力才能合法作成的（外部）行政行为。从概念中可以看出，多阶段行政行为的作成须有二个以上的行政机关参与且原则上以一个行政行为表现于外，形成“多机关—（外部）程序—外部行为”的程序构造，各机关间的关系仅是“内部程序”。①

5.3.1.2 理论与实务的结合研究

相较于我国台湾地区对“多阶段行政行为”学理研究的成熟性，我国大陆地区的行政法学研究中对“多阶段行政行为”这一概念的使用与阐述则相对较少。为了研究问题的透彻性需要，笔者拟借助于我国台湾地区“多阶段行政行为”的已有成果继续本研究。

返回本研究的主题，在多阶段行政行为中，各阶段的行为均属直接对外发生法律效果的行为，因此均具有可诉性；但多阶段行政行为有复数行政机关的行为存在，同时前阶段行政仅向后阶段行政机关作出，不具有外部效力。因此，如何确定行为机关为诉讼对象多有困扰。通常，因为只有最后阶段机关的行为因是直接对相对人发生法律效果而具有外部行政行为的性质，所以仅能对此最后行为提起救济，这少有争论。至于在作成最后阶段的行为之前的其他机关的参与或核准行为，即所谓前阶段的行为可否视为外部行政行为，应视其是否直接对公民发生法律效果而定。一般而言，该“前阶行为”是由有同意权的行政机关对作成外部行政行为的行政机关在行政内部所为的表示，其因欠缺对外效力而并非外部行政行为，公民自不得对其请求法律救济；反之，如果“前阶行为”的行政机关将参与行为直接对外表示，尤其是通知当事人，则该参与行为即因产生外部效力而具有外部行政行为的性质。“前阶行为”的行政机关又参与机关就争议决定的事项内容，依法律的规定，该机关为该事项或任

① 参见李建良：《论多阶段行政处分与多阶段行政程序之区辨》，载《中研院法学期刊》2011年第9期。

务的唯一主管机关,并应由其单独决定,则其所为的参与行为就不再仅是内部行为,而是具有独立地位的外部行政行为,而将此"参与"行为表现于外的行政机关则退居为协助机关。基于此,可以发现该原则的两种例外情形:一是"前阶行为"如果已直接送达或以他法(如副本)使当事人知悉,可视为其"对外"发生法律效果而构成行政处分,从而得为行政诉讼的对象;二是争议行为依法应由"前阶行为"机关单独作出且应该为后阶段行为机关所尊重的,也可视其为前阶段行为机关的外部性行为。例如,在上级机关依照法定职权作出的行政行为交由下级机关执行的情况下,即以上级机关为诉讼被告。所以,个案判断外部行政行为的存否及规范内涵的真正关键性的依据在于法律对于不同机关之间的权限如何进行分配,即何种事项及其决定权限归属于哪一主体。在法律赋予特定行政机关的权限范围内,原则上,该行政机关即有独立作成外部行政行为的可能。但是,基于多阶段行政行为的制度目的以及避免行政程序及法律救济的复杂化,如不能充分肯定参与机关的"前阶行为"性质时,则应将其视为行政内部行为。①

最高人民法院在(2017)最高法行申 295 号行政裁定中首次详细阐述了何为多阶段行政行为。在案件判决当中,法官认可了中共颍上县委办公室发布办(2015)25 号《中共颍上县委办公室颍上县政府办公室关于印发〈刘庄煤矿和谢桥煤矿周边区域环境综合治理方案〉的通知》不具有可诉性的见解,认为《中共颍上县委办公室颍上县政府办公室关于印发〈刘庄煤矿和谢桥煤矿周边区域环境综合治理方案〉的通知》未对原告的合法权益产生直接影响,并且强调,虽然修改后的《行政诉讼法》将"具体行政行为"的概念修改为"行政行为",但这并不代表《行政诉讼法》的适用范围揽入了所有意义的行政行为,例如该案件中的《中共颍上县委办公室颍上县政府办公室关于印发〈刘庄煤矿和谢桥煤矿周边区域环境综合治理方案〉的通知》虽属于行政行为的范畴,但是它无法运行,不具有可诉性,因为其没有外部和行为影响因素。所谓的多级行

---

① 参见陈敏:《行政法总论》,2009 年自版发行,第 358 页。

政措施,是指行政机关可以执行需要其他行政机关批准、协调和参与的行政措施的情况。行政机构可以是平行的或垂直的。后者通常需要上级主管部门的批准或指示上级主管部门采取对下级主管部门具有法律效力的行政行动。在采取多种行政措施的情况下,只有那些直接对外部具有法律效力的措施才是可诉的行政措施,其他阶段的行政措施只是行政机关的内部程序。

根据多阶段行政行为理论的上述描述,结合司法实务中法院处理个别案件及法规诠释的情况,可依据以下思考层次对该理论的适用进行判断。

第一,争议案件的处理与决定若有多机关参与其中,是否最终仅有其中一个机关对外表示,或各机关分别或先后对外作出表示?若仅有其中一个机关对外表示,则属标准的多阶段行政行为;若各机关分别或先后对外作出表示,各个外部行为是否构成外部行政行为还须根据实体法规判断是否符合外部行政行为的概念要素或成立要件。第二,争议案件的处理与决定若有多机关参与其中,且最终仅有其中一机关对外表示,还须认定哪一机关为处分机关。原则上,对外表示的机关为外部行为机关。依法律的规定,未显名的机关若为争议事项或任务的唯一主管机关,并应由其单独决定,则以该主管机关为外部行为机关。第三,争议案件的处理与决定若有多机关参与其中,而各机关分别或先后对外作出表示,则对于各行为是否外部行政行为,行为机关为何,应分别认定。若均属于外部行政行为,则进一步探究各行政行为的规范内涵及其间的关系为何。①

对于上述问题,最高人民法院22号指导案例的判决思路在一定程度上破除了障碍。该案例的裁判要点为:地方人民政府对其所属行政管理部门的请示作出的批复,一般属于内部行政行为,不可对此提起诉讼;但行政管理部门直接将该批复付诸实施并对行政相对人的权利义务产生了实际影响的,人民法院应当依法受理。也就是说,多阶段行政行为的前阶段行为在满足一定条

① 参见李建良:《论多阶段行政处分与多阶段行政程序之区辨》,载《中研院法律期刊》2011年第9期。

件的情况下是可诉的。这里的前阶段行为与(判断是否外部化的)内部行政行为是相似并有交叉之处的。从该指导案例中,可提炼出两个判断要素,即外部效力和行为效果。其一,外部效力是连接行政机关与行政相对人之间权利义务关系最基本的桥梁,是否产生外部效力需要通过行政机关的客观表现进行判断,因此只有行政机关在形式上对行政相对人进行表示的行为才被判定为具有外部效力。在法律实务中,通常认为若前阶段行为只向后阶段行政机关作出,不具有外部效力;若前阶段行为不仅向后阶段行政机关作出,还向行政相对人作出行为表示的,认定其具有外部效力。其二,在行为效果上,对于仅需向行政机关作出但同时向行政相对人送达的前阶段行为,在其是否可溯的问题上,仍需根据《行政诉讼法》的有关规定,即判断是否符合"对行政相对人权利义务产生实际影响"的标准,即行为效果的标准,这是判断前阶段行为是否可诉的核心标准。但最高人民法院 22 号指导案例的适用有其前提和局限性,并不适用于所有有关多阶段行政行为中的内部行政行为是否外化的问题,对于实务中出现的案例,在适用时既要谨慎识别前提是否具备,又要在复杂的实践情况中发现和总结其中的共通之处。

结合前述"外部化"理论可以发现,多阶段行政行为的解释策略与内部行政行为的外化理论在观念上虽属不同的概念,但二者之间仍有交错的可能。因为它们都是为了解决多个机关共同参与行为的诉讼对象的问题,所以在实务中和学说上发展出不同的判断准据,使二者在功能上具有一定的相似性与关联性。为了避免适用中的混淆与误用,在有多个机关共同参与某一项行为时,可将该行政行为用多阶段行政行为的解释策略进行划分,先把独立的外部行政行为的参与行为与单纯内部行政行为的参与行为加以区分,之后再对内部行政行为以"外部化"的思考层次判断其可诉性的问题。这不仅是二理论的特征与功能所决定的,还能满足理论上的互补与周全,对行政行为的可诉性问题形成多界域的判断。

5.3.2 法律特别规定下的保留适用

经由前述多阶段行政行为的解释策略理论及与内部行政行为外部化的比较分析,法院对于多机关参与的行为的判定,应根据个案情形与法律规范的不同而分采侧重点不同的判断准据,以忠实履行权利保护的目的,发挥监督行政的功能,并妥善分配与降低错误裁判的风险。然而,无论采取何种理论,都须兼顾法律的特别规定,这在多阶段行政行为的判断层次中已有重要体现——个案判断外部行政行为的存否及规范内涵的真正关键性的依据在于法律对于不同机关之间的权限如何进行分配,即何种事项及其决定权限归属于哪一主体。因此,外部化判断脉络的具体适用也应该注意法律的特别规定,避免判断脉络在方法上的过于单纯之嫌。其中较为重要且典型的如政治性行为的避免、显名主义的例外和法依据的区分。

站在司法的角度,脱离个人权利保护的目的设定会有丧失正当性的危险。严格的法律与政治的区分也是法治国原则的基础。司法如果漫无节制地将所有的事件都转化为可以在法庭上辩论、审判的议题,不仅会使司法政治化,还将使法官取代政治制度成为一切事项的裁决者。此外,在多机关参与行为的前阶段政治运作过程中所形成的共识与理解,将有被法官以法律解释与适用之名推翻的风险。没有民主正当性的法官不能也不应如此干扰民主制度的运作。高的诉讼程序要件门槛(如较晚的司法审查时点、严格的权利受损的认定标准,详见前述“3.3 ‘外部化’初思辨:多元理论框架下的交错考量”部分)与极其严格的司法实体审查标准(法律要件完全解释权、重为事实认定权限、同体外部化与合比例裁量的要求)反映着上述法律与政治的严格区分。[①] 因此对于属于政治性的行政行为,应保留“外部化”的适用。

前文指出,对于行为机关的判断以显名主义为原则,以实质主义为例外。

---

① 有关司法与政治的划分,参见陈英钤:《撤销诉讼之诉权》,载台湾行政法学会编:《行政法争议问题研究》(下),台北,五南图书出版股份有限公司2001年版,第983页以下。

该实质主义必须有实定法的明确规定作为依据才得以例外适用。第一种例外情形，如《行政复议法实施条例》第13条规定："下级行政机关依照法律、法规、规章规定，经上级行政机关批准作出具体行政行为的，批准机关为被申请人。"该条规定虽是复议制度上的特别规定，但对同为救济机制内的诉讼制度也有参考意义，即如果争议行为是由上级机关决策然后交由下级机关执行时，因实际决策机关仍为上级机关，所以认定以该上级机关为诉讼的被告。类似的规定在《行政许可规定》第4条也有体现，"当事人不服行政许可决定提起诉讼的，以作出行政许可决定的机关为被告；行政许可依法须经上级行政机关批准，当事人对批准或者不批准行为不服一并提起诉讼的，以上级行政机关为共同被告；行政许可依法须经下级行政机关或者管理公共事务的组织初步审查并上报，当事人对不予初步审查或者不予上报不服提起诉讼的，以下级行政机关或者管理公共事务的组织为被告"。第二种情形则是《行政诉讼法》第26条第5款规定的类型，[①]无隶属关系的行政机关作成受委托所为的行政行为时，其行为的作出与承受机关不是名义显示的受托机关，而是委托机关。第三种情形为《行政诉讼法》第26条第6款规定的"行政机关被撤销或者职权变更的，继续行使其职权的行政机关是被告"，此处不采显名主义的理由显而易见，因为原行政机关因裁撤或改组的事由而不存在，显然无法以显名的原行政行为机关作为被告，所以例外将承受其业务的行政机关拟制为被告。除上述例证的明文规范不以显名主义作为原行政机关的认定标准外，学说和实务上还针对一些特殊的行政行为类型进行了讨论，如多阶段行政行为在行为机关认

---

① 《行政诉讼法》第26条规定：公民、法人或者其他组织直接向人民法院提起诉讼的，作出行政行为的行政机关是被告。

经复议的案件，复议机关决定维持原行政行为的，作出原行政行为的行政机关和复议机关是共同被告；复议机关改变原行政行为的，复议机关是被告。

复议机关在法定期限内未作出复议决定，公民、法人或者其他组织起诉原行政行为的，作出原行政行为的行政机关是被告；起诉复议机关不作为的，复议机关是被告。

两个以上行政机关作出同一行政行为的，共同作出行政行为的行政机关是共同被告。

行政机关委托的组织所作的行政行为，委托的行政机关是被告。

行政机关被撤销或者职权变更的，继续行使其职权的行政机关是被告。

定上是否有显名主义的例外适用可参见上述研究。

行政行为能否作成的前提是该行政行为是否为法律所容许,尤其是干预性行政行为的法律依据,还须维持构成要件与法律效果的规范构造,即必须是所谓“行为法”或“职权规范”,而非“任务规范”。详言之,一旦行政机关必须经常使用干预公民自由与权利的手段,就必须要有明确的授权作用方法,必须满足作用方法发动的要件、遵守程序及引发的法律效果。这也是在法明确性原则的命令下,为确保公民对国家行为得以预测的当然解释。组织法用以制定行政机关内部运作,且常有训示性质的“权限”规定,大多以抽象、概括或宣示性质出现,而作用法所规定的却是有实践性质的“职权”,因此做出干预公民权利与自由的行为时,绝不可单凭组织法为授权基础,必须以作用法为依归,这也是法律保留对公民权利保障的真谛。① 因此,关于法律特别规定之性质的认定也是“外部化”保留适用时必须注意的。

---

① 参见李震山:《行政组织法与行政作用法之区别及其实益》,载《月旦法学杂志》2002 年总第 85 期。

6 结论:综合论述与延伸思考

6.1 综合论述

谨就本研究所得,节要综述如下:

第一,“外(部)化”在司法实践中几乎成了法制用语,内部行政行为几欲“变质”为“外部行政行为”,大举扩张了行政诉讼范围。然而,行政及其行为程序均自成一套体系,与《行政诉讼法》并立而互不相属。“外部化”概念的运用结果可能产生行为类型混淆及可能招致法律适用及制度运作上的龃龉,委实令人忧心。就行政实务与法院审判实践上数量较多的日常案例而言,总有相类似的案件不断出现,而这些案例均包含特定抽象形式的内涵,也正是这种相同抽象形式的内涵,才使得以标准制式的答案加以回复变得可行。

第二,“外部化”的认知不能单纯从“概念”出发,而毫无任何问题意识及行政法学上的实体观点。“外部化”是对“内部行政行为”的判定与“受案范围”的设定之间的关联性概念,因此,思考解决问题的线索与路径避不开“内部行政行为”概念的厘定及其与相关制度的关联、交错与比对的关系。本研究从司法实务与制度出发,提炼出“内部行政行为”的概念构成:行为始于不同的行政机关内部互动之间、内容涉及一般公民(非公务员)的权利义务关系、法院介入审查行为的适法性。这种描述性的“内部行政行为”的概念及其分类与传统理论上的观点既有联系又有区别,这种区别恰精确地限定了本研究的基点。

第三,“外部化”作为一种体现司法政策属性的实践安排,它的引入与运用在具体的语境下获得机能的释放:其一,作为法律上利害关系建立的方式,其发挥着具体化功能、完结行政程序的功能、衔接性功能和赋予执行名义的功能;其二,作为司法监督行政的联结,其有助于实现法治国的理念、防止逃逸法治主义的范围和打破内部行政行为不得救济的迷思等。正是这种强大的功能发挥,“外部化”之理论的不足与工具主义的危险不免引起一些疑虑——“外(部)化”的引入是否有超越法律规定的嫌疑、有无片面满足权利保护效能性的要求以及判断方式的不明确是否会引起适用的选择性与差异性。这都是需要认真思考与谨慎回应的问题。

第四,“外部化”作为一项扩张受理依据的存在,对它的深入认知不能仅停留在该概念的表面作孤立性地考察,而应将其置于与一般制度既存在差别又有连续的背景中来理解,在多元理论的框架下交错考量“外化”的平衡空间。主要关联的理论背景有行政过程的程序性与组织性、执行名义本身与执行名义执行、救济时点与成熟原则和反射利益与保护规范理论等四组。这种关联性的考察不单纯是为了对理论作出区分,而是进行下一步构建判断脉络时必须理顺掌握的细部关节,以避免法律适用上之困扰与疑义的衍生。

第五,“外部化”理论欲走向成熟,其关键性节点在于对其构成要素的提炼与分析。本研究以规范域的动态发展为依托,结合相关学说的观点与立场,以类型化实践为参照,依循法院的审理思路和关注点,归纳提炼出“外部化”的三要素——“外部化的表示”“行政职权的行使”“法律效果的产生”。通过对三要素的进阶分析笔者发现每种要素的精确内涵中又都包含着不同的预设——“外(部)化”在何种意义上使用、“外部化”是否通过行政职权为之以及职权的主体是否同一、“外部化”后是否产生法律效果。每种分析的可能性组合都会产生不同的法律关系,其对于内部行政行为的影响亦是不同的,因此在处理个别案件及规范诠释时,对于“外部化”的判断应在多元理论框架下予以交错考量。

第六,“外部化”判断脉络的构建不仅是本研究的落脚点,还是其走向成熟的显著标志。该实践谱系的勾勒从以下三个方面着手:判断进路的思考模式、判断进路的思考层次和判断进路的排除模式。其中,“判断进路的思考模式”

的主要任务是为判断脉络的构建提供较具抽象性的方法指引，包括行政过程论的方法指引和管辖权变更的效力分辨两项。“判断进路的思考层次”主要解决法院在个案中如何适用“外部化”理论以精确地作出决定的具体操作步骤的问题，包括“外部化”的对象——内部行政行为之存否的判断方法和“外部化”之适用意义为何、“外部化”之职权主体是谁、“外部化”之法律效果有无等审查顺序及层次。唯有满足内部行政行为的存在、名词意义上的“外(部)化”具有独立要素的性质、“外部化”的主体是运用公权的同一主体、“外部化”后有法律效果的产生等全面性要求，内部行政行为才得以纳入行政诉讼的受案范围。“判断进路的排除模式”主要表达的是判断脉络在例外情形下的保留适用，该例外情形包括制度上法律的特别规定和理论上多阶段行政行为的解释策略两方面，形成原则与例外同俱的体系化理论建构。

第七，再回归并解读本研究借以展开的“延安某建筑公司批复案”，“外部化”构成要素的具备当无疑问，仅就外形来看，似乎不能满足“同体外部化”的要求。但是，根据《安全生产事故报告和调查和处理条例》的规定细究之，事故调查是有关部门在获得上级机关“授权”或“委托”下进行的。这里就有必要分两种情况讨论之：到底是“授权”还是“委托”。如果是“授权”，则作为事故调查小组成员的子长县监察局就得以以自己的名义行使权力，其作为“外部化”主体与作出内部行为的主体——延安市安全生产监督管理局不具有同一性，属于“异体外化”的情形，无法满足“同体外化”的要件，相应法院的受理也是不当的；如果是“委托”，则作为事故调查小组成员的子长县监察局应是以委托人的名义行使职权，其法律后果也属于委托主体，此情形便满足“同体外化”的要件，法院的批准是正确的。这就提醒我们在思考“外部化”的主体时不能单从概念盲目出发，还应关注法律对于管辖权的分配与程序设定的关联和交错等情形。

6.2 延伸思考

内部行政行为“外化”的诉讼作为行政诉讼的一类，我国行政法领域的发展显然在质与量上均无法与其之相匹配,个中原因不可一概而论,或者还有待时代的进展而有所改善。由此而思考在未来的展望方面,国内学理应对“外化”理论的发展有更精进的空间。如以本研究所探究的议题而言,实则不需以太多深奥的外国学理为比拟,反而只需从中国当下的司法实务出发,结合行政法理论做基础性的论证与探究即可初步厘清相关概念,从而进行进阶问题的思辨与论证,然而现今就此却未引发学理与实务上对相关理论的深入思考,殊属奇特。尤为甚者,现今国内还有学者认为对该议题没有研究的必要与价值,以致对相关理论的认知仅停留在表面或陷入误解,从而导致诸多理论与司法实务上的混乱,甚至影响行政程序法草案中若干(不当之)立法,本研究认为此种“无意识”或“潜意识”确为我国行政诉讼制度发展的一大隐忧。

要言之,在今日行政法制逐渐完备,且行政任务多样化与复杂化的现代行政中,作为行政法理论的技术性概念,内部行政行为的虚拟与实际和“外化”的引入与体系化构建,已有重新检讨和深化认知的必要。这对于行政法规范中“内、外”二元结构的走向、未来行政诉讼法的修订和行政程序法的制定而言,也是不能回避的重要课题。对此的延伸思考可从理论与制度两方面开展。

理论上:第一,行政法不能限缩于法院为权利保护的观点,而应该扩大领域及于法院控制所不能及的领域。行政行为也不仅仅是由外部加以控制的,也应该从内部起,以民主与法治的方式加以规范。换言之,就行政的内部与外部关系,对公民、法人其他组织的影响,以及该关系与其他决定的关联性,行政法均应加以掌握讨论。因为传统的行政法规范的对象是行政机关对行政相对人作出的具有行政法律效力的行为,基本理论框架是“行政行为——司法审查”,行政相对人可将对外发生效力的行政行为诉诸司法,获得救济。那么,当下行政法的发展越来越完善并渐趋复杂化,以司法为中心发展起来的我国传统行政法已不能完全适应现今的行政法律环境,不能再将行政法的调整对象仅面向行政机关与行政相对人,行政机关在其内部作出的行为,如行政机关对所属行政机构、上级行政机关对下级行政机关、行政机关对其内部工作人员等情况产生的行政内部行为,也成为行政法体系中的重要组成部分。若将调整行政内部行为寄希望于行政机关的“自我约束和自我克制”，是过于理想化的想法，不会产生理想中的应有效果。因此，内部事项与外部事项无必要加以混合为一。行政内部事项与外部事项可依据不同的规范需求，以不同的释义学加以呈现。

行政内部的过程对于个人向外发生效力的活动，可作为其归类及解释真意的重要背景因素。目前，我国虽然没有明确将行政机关实施的内部行政行为划入行政法调整范围，但是明显有一部分内部行政行为会对外产生效力影响到行政行为的合法性，本课题研究所探讨的内部行政行为外部化问题即属于此种情况，若不将其纳入调整范围，行政相对人的权益很难得到保护。对此，有学者提出了“内部行政法”的概念，即行政机关“办公大楼内实施的行为”不仅与公共财政合法支付有关，更重要的是它还会直接或者间接影响行政机关对外作出行政行为的合法性，故现代行政法应当将“行政机关——行政机关”、“行政机关——行政机构”和“行政机关——行政机关工作人员”这三类内部关系也纳入行政法体系加以调整。用于调整这三类内部关系的法规范，被称为“内部行政法”。①

第二，“外部化”判断标准的具体化与细致化应重于修辞，使外部化更具操作性和预测性。该理论的深入可通过个案到体系的逐案累积方式进行。“外部化”的概念是在我国特定的法制背景脉络下产生的，在比较法上没有与此相对应的概念使用，一定程度上带来了研究的忽略与迷思，走出困境的途径唯有牢记“法律的生命在于经验”的格言，从活生生的案件中梳理与挖掘理论的细节真义。于实务中，应允许判准形成的初期有尝试错误的摸索期和反复修正的机会，当然这个过程也需要学界的理论跟进及对于实务的语焉不详或前后不一的实务进行提醒或批判，逐渐达成理论与实务的统一与确定。

第三，行政行为扩大或行政行为纯化的抉择。对于行政诉讼的争讼对象，《行政诉讼法》实施后，学界通常认为该法扩张了行政诉讼对象的解释，这使行

① 参见章剑生：《作为担保行政行为合法性的内部行政法》，载《法学家》2018 年第 6 期。

政行为扩大与行政行为纯化的抉择陷入胶着。此外,还有一个未触及的问题——随着扩大行政行为而产生的附随效果的范围。所谓附随效果,指承认行政行为的扩大,是否意味着赋予事实行为或内部行政行为等不具外部法效性的行为具有公定力、不可争力等?是否意味着将其定位为"行政程序法"、《行政诉讼法》上的行政行为?这都是深化研究所面临的再检讨对象。由于本研究所限定的内部行政行为依然可以分为具体的个别决定与抽象的内部规则两部分,而本研究的重心又仅放在具体的个别决定之外部化上,对于抽象的内部规则没有进一步的涉及,其效力的有无或效力的范围为何,能否走进司法审查的视域以及司法审查的程度与标准如何建立都有必要同等重视与并进思考。

与上述理论延伸思考相伴,外部化功能的发挥不仅有待法院实务的具体落实,还有待法制上的修正,使抽象理论与具体规范契合,避免诸多现行规范的不当导致理论破裂。因此,笔者在此就以涉及内部行政行为"外化"的制度整体或个别变动为标准提出若干立法修正建议,以供参考。

第一,整体修正,即预防性不作为诉讼类型的设置。所谓"预防性不作为诉讼",是指为避免行政机关未来可能作成侵害公民权利的行为,而由公民事先诉请法院,判令行政机关未来针对某一具体个案消极地不作为的诉讼形态,其中包括消极地不作成外部行政行为以及消极地不作成外部行政行为以外的其他行政行为,其属于"给付诉讼"的一种类型。设置此类诉讼的理由在于避免行政行为一旦作成后,公民通过提起撤销、确认、给付诉讼等事后救济方式仍无法实时发挥有效的救济效果,且公民没有义务容忍该侵害状态存在的情形发生。① 换言之,承认预防性不作为诉讼的前提是其必须具有特定的权利保护必要性。在多个行政机关互动做出行政行为的情形下,如果允许相对人向法院诉请被告机关未来不得作成可能损害其权利的行为,是否可以消解"外部化"适用的困惑?其救济时点如何选择才不会对行政一体的组织行为造成困

① 参见翁岳生主编:《行政诉讼法逐条释义》,台北,五南图书出版公司2003年版,第118页。

扰？这些也是不得不继续思考的问题。如果对此相关思考难以周全，提出各种个别制度或条文之立法修正建议，以求借由部分法制的微幅调整取得变动成本最小，达到修法效果最佳的理想状态。

第二，个别修正。个别修正的立法建议或涉及个别制度的微幅调整，或仅为单一条文的修正变动，均在《行政诉讼法》基本框架内进行。其主要表现在：首先，应明确规定行政诉讼对象——行政行为的定义。对行政诉讼对象加以明确的定义，使之符合法律体系一致性的要求，并和现有理论实现对接。其次，参照《行政复议法实施条例》第13条的类似规定，增列特别的规定，如“下级行政机关依照法律、法规、规章规定，经上级行政机关批准作出具体行政行为的，当事人对批准或者不批准行为不服一并提起诉讼的，以批准机关为共同被告”。如此则可有效避免产生解释论上的争议。最后，在不影响行政机关运作的前提下，运用行政过程论方法论的指引放宽对于程序性行为救济的审查标准。

第三，内部行政法的证立能为内部行政行为“外部化”奠定根基。上文中已提到有学者提出了“内部行政法”的概念，本课题研究所探讨的内部行政行为“外部化”问题与此概念紧密相关。在本课题研究中，行政行为在被判定为“外部化”之前，绝大部分是作为上级行政机关对下级行政机关的行政内部行为而存在的，在“内部行政法”概念中，前提是要对“外部行政法”与“内部行政法”作出区分，在区分的标准上，有学者提出的“是否包含当事人参与的程序”的行政程序区分标准可得借鉴。① 这一区分标准与行政行为“外部化”之间的关系在于“外部化”前的内部行政行为是处于“外部行政法”和“内部行政法”调整对象之间模糊地带的行政行为，也是“内部行政法”与“外部行政法”在区分上需要解决的问题。总的说来，作为“内部行政法”调整对象的行政行为至少具备以下特征：无行政相对人的参与；不涉及行政相对人的权利和义务；对行政相对人不产生法律效力。由此，若内部行政行为没有产生“外部化”效果，

① 参见何海波：《内部行政程序的法律规制》（上），载《交大法学》2012年第1期。

则属于“内部行政法”的调整对象;若内部行政行为产生了“外部化”效果,则属于“外部行政法”的调整对象。“内部行政法”的精神内核若能够在不久的将来有所体现,将会为内部行政行为“外部化”问题提供以下便利:首先,作为前提性的、最基本的问题,能够提供明确的法律依据判定某个行政行为是不是内部行政行为,只有确定其为内部行政行为,才能进一步根据“外部化”判定体系认定其是否产生外部化的效果。其次,只有将“内部行政法”的调整范围明确梳理并加以规范,才能使“外部行政法”更好地发挥效力,使“内部行政法”与“外部行政法”之间的区分界线越来越科学明晰,从而使正处于二者调整范围之间模糊地带的“可能产生外部效力的内部行政行为”的规制及调整指日可待。在“内部行政法”结构的制度中,与内部行政行为“外部化”联系最紧密的是“行政机关——行政机构”与“行政机关——行政机关”这两组法律关系,诸如“批复”“会议纪要”“指示”等大量出现在内部行政行为“外部化”案件中的文件名称都来自这两组法律关系之间。内部行政行为“外部化”作为“内部行政法”的一种例外情形,若产生外部效力,则可以成为行政诉讼的客体,直接受传统行政法“行政机关——司法机关”这一权利救济渠道的调整。目前,最高人民法院第22号指导案例虽然明确提出内部行为产生“外部化”效果,行政相对人诉至法院的,法院应当依法受理,但其却将范围框定在行政机关之间的依职权行为,对于非职权行为的调整仍处于摸索阶段。因此,这些问题亟待有关“内部行政法”与“外部行政法”的研究关注社会现实,紧密联系我国的法律实践,进行制度构建。

以上制度上的延伸思考仅指出了特定方向而未提出具体规范内容,且未对修正后所衍生的相关问题进行深入剖析,因此内容上存有缺漏。然而,立法论的建议本来就仅能做特定方向与概念的提出,因为相关具体内容应待有权机关权衡趋势演进,审度时事发展,将前述立法建议予以具体化。在建构行政诉讼上内部行政行为“外部化”的判断标准后,仍希望在将来能与法制上的具体规范相互呼应,以求实然面与应然面得以完全一致契合,而达到规范整合的和谐状态。

相关案例

1. 王某义诉甘肃省通渭县人民政府土地行政批复案

【案情简介】2006 年 11 月上旬，王某义向通渭县平襄镇兴隆村村民委员会申请宅基地。通渭县国土资源局于 2009 年 2 月给原告颁发了通 A 集用〔2009〕字第 867 号集体土地使用证。2009 年 5 月，因王某义取得的集体建设用地占用了全村村民从事娱乐活动的篮球场，引起全体村民强烈反对；2016 年 2 月 21 日，王某义在该土地上开始建房，引起全社群众的不满。2016 年 8 月 11 日，通渭县人民政府作出了《通渭县人民政府关于撤销通 A 集用〔2009〕字第 867 号土地登记的批复》（以下简称《关于撤销〔2009〕字第 867 号的批复》），同意通渭县国土资源局的处理意见。2016 年 8 月 12 日，通渭县国土资源局向王某义发出了《通渭县国土资源局关于撤销通 A 集用〔2009〕字第 867 号土地登记的通知》（以下简称 186 号通知），要求其办理土地注销手续，后又于 2016 年 9 月 6 日发布张贴《关于注销集体土地使用证的公告》。王某义对被告作出的《关于撤销〔2009〕字第 867 号的批复》、通渭县国土资源局作出的《关于注销集体土地使用证的公告》不服，分别向定西市人民政府、通渭县人民政府提出复议，两复议机关均以不属于行政复议的受案范围为由不予受理。2016 年，王某义因对通渭县国土资源局《关于注销集体土地使用证的公告》不服，向兰州市铁路运输法院提起行政诉讼，该法院以张贴公告对原告的合法权益不产生实际影响为由，裁定驳回起诉。2017 年 10 月 10 日，王某义向天水市中级人民法院提起行政诉讼。

【审理裁判】作为终审法院的最高人民法院认为，本案被诉《关于撤销

〔2009〕字第 867 号的批复》系对通渭县国土资源局《关于撤销通 A 集用〔2009〕字第 867 号土地登记的请示》的批复，其行文对象系通渭县国土资源局，属于上级行政机关对于下级行政机关请示事项作出批复的过程性行为，虽然具有撤销涉案土地使用证并注销土地登记的内容，但该行为未直接对外发生法律效力，对王某义的权利义务不产生实际影响，不属于行政诉讼的受案范围。裁定驳回王某义的再审申请。

2. 马某诉宁夏回族自治区人民政府行政管理案

【案情简介】马某为原银川铁路分局职工学校退休教师，在其 30 多年的工作中，其中学教师身份和中学教师待遇一直没变，但退休时却因“国企退休教师一概定位其他干部”的规定，被剥夺了享受正常退休教师的待遇。宁夏回族自治区解决国有企业职教幼教退休教师待遇问题工作领导小组办公室 2014 年 12 月 25 日作出的《宁夏回族自治区解决国有企业职教幼教退休教师待遇问题工作领导小组办公室会议纪要》否定了马某的教师身份，从而否定了马某享受岗位工资、薪级工资标准在新的专业技术人员基本工资标准的基础上分别提高 10% 的待遇。该会议纪要在适用法律、法规方面明显违法。马某请求撤销该会议纪要中对其原银川铁路分局职工学校退休教师身份、待遇的否定性说法，并依法补足其 10% 的退休工资和各项货币补贴。

【审理裁判】作为终审法院的最高人民法院认为，该会议纪要既具有对相关政策文件的适用问题进行研究和论证的内部行为性质，又具有为相关政府部门进一步作出行政行为进行准备的过程性行为性质。该会议纪要内容虽然涉及原银川铁路分局等 35 名退休教师要求按中等职业学校、中小学教师标准提高 10% 岗位工资和薪级工资等问题，但没有直接产生相关退休教师权利义务变动的效果，不具备行政法意义上的对外法律效力，不能对作为过程性行为且不产生外部法律效力的会议纪要提起诉讼。原审法院认为，被诉会议纪要不属于人民法院行政诉讼受案范围并无不当。

3. 黄某诉江苏省南京市建邺区人民政府、江苏省南京市建邺区城市管理行政执法局房屋拆除行政强制案

【案情简介】黄某是南京市建邺区江心洲洲泰村跃进组村民，于 1999 年 5 月结婚，2002 年依法向原南京市雨花台区江心洲洲泰村村委会申请宅基地并建成房屋。2012 年 11 月底，黄某房屋所在地实施征地拆迁。因起诉人质疑征地拆迁行为的合法性及补偿安置方案，故一直未达成补偿安置协议。2017 年 6 月 19 日，南京市建邺区城市管理行政执法局工作人员到起诉人的工作单位送达宁城建强执字（2017）第 006 号 No. 0010023《强制执行决定书》（以下简称 6 号《强制执行决定书》）。黄某认为，6 号《强制执行决定书》虚构违法建设行为，适用法律错误，前置执法文书不全，送达程序违法，案涉决定书中司法救济方式违法。

【审理裁判】作为终审法院的最高人民法院认为，根据 6 号《强制执行决定书》的内容，其明确的执行主体是南京市建邺区城市管理行政执法局。而建邺区人民政府的“责成”行为本身通常只具有内部性，是上级政府为推进行政强制执行而明确具体实施部门的内部核准指令活动，是一种过程性、阶段性的行政活动，其本身不对再审申请人的实体合法权益产生直接影响，难以作为行政诉讼受案范围。此外，再审申请人在该案中并未提供证据证明建邺区人民政府作出过“责成”行为或者该行为直接产生了外化效果。因此，不能将建邺区人民政府列为共同被告，再审申请人要求其对 6 号《强制执行决定书》承担责任，缺乏事实根据和法律依据。

4. 练某火诉广西壮族自治区柳州市规划局、广西壮族自治区柳州市人民政府规划行政处罚及行政复议案

【案情简介】2013 年 4 月 10 日，柳州市城中区城市管理行政执法局（以下简称城中区执法局）对练某火涉嫌违法建设进行调查。2013 年 6 月 28 日，城中区执法局向柳州市规划局提出咨询请求，请求柳州市规划局认定练某火是否办理了建设工程规划许可证并对练某火的行为作出具体处罚意见。当日，柳州市规划局向城中区执法局作出“未经许可建设，同意责令限期拆除并处工程造价百分之十即 119315 元罚款”的处罚意见。2013 年 7 月 10 日，城中区执法局对练某火作出柳城管城中规划类行决字〔2013〕第 162 号行政处罚决定书（以下简称 162 号处罚决定），责令练某火“自收到决定书之日起三日内自行拆除违法搭建的建（构）筑物”。练某火对柳州市规划局的处罚意见不服，向柳州市人民政府申请行政复议。柳州市人民政府经复议认为，柳州市规划局根据城中区执法局的咨询请求作出的行政处罚意见属内部行政行为，不具有强制力，不应属于行政复议的受案范围，遂于 2016 年 4 月 27 日作出柳政复字〔2016〕10 号行政复议决定书（以下简称 10 号复议决定），驳回练某火的行政复议申请。练某火不服，以柳州市规划局和柳州市人民政府为共同被告提起行政诉讼，请求判决撤销柳州市规划局的处罚意见和柳州市人民政府的 10 号复议决定。

【审理裁判】作为终审法院的最高人民法院认为，案涉 162 号处罚决定系城中区执法局以其自身名义对练某火的房屋作出的违法性认定和拆除决定，而被申请人柳州市规划局根据城中区执法局的咨询请求作出的处罚意见，属于行政机关之间依照各自职权进行咨询、答复的内部行政行为，对外不产生法律效力，并未对公民、法人或者其他组织的权利义务产生实际影响，因此不属于行政复议受理范围。

5. 无锡市某家具厂、无锡市某家具城诉江苏省无锡市北塘区人民政府其他行政行为案

【案情简介】2002 年 9 月 7 日，无锡市规划局向无锡市某家具厂（以下简称某家具厂）作出锡规监（2002）第 044 号行政处罚决定书（以下简称 44 号行政处罚决定书）。该行政处罚决定书载明：经查，被处罚人某家具厂未经无锡市规划局批准办理建设工程规划许可证，于 2001 年 11 月在 312 国道锡澄立交收费站南侧建造一幢二层生产用房，建筑面积 2673 平方米。无锡市规划局于 2001 年 11 月 27 日发出锡规监令（2001）23130 号责令停工通知书。44 号行政处罚决定书限被处罚人在接到处罚决定书之日起 15 日内，自行拆除上述违法房屋。某家具厂、无锡市某家具城（以下简称某家具城）针对 44 号行政处罚决定书未提起复议或者诉讼。2014 年 4 月 2 日，无锡市北塘区人民法院向某家具厂、某家具城发出受理案件通知书，决定立案审理其诉无锡市北塘区城市管理局（以下简称北塘区城管局）行政强制拆除一案。在该案审理过程中，北塘区城管局提交了北塘区人民政府于 2012 年 11 月 21 日向该局作出的拆除违法建设任务书。某家具厂、某家具城认为拆除违法建设任务书认定事实和适用法律错误，依法应予撤销，向法院提起诉讼。在某家具厂、某家具城诉北塘区城管局一案审理过程中，某家具厂、某家具城申请追加北塘区人民政府为共同被告，无锡市北塘区人民法院裁定驳回其提出的追加申请，某家具厂、某家具城上诉至无锡市中级人民法院。

【审理裁判】作为终审法院的最高人民法院认为，北塘区人民政府作出的《拆除违法建设任务书》系针对北塘区城管局作出，并未对某家具厂、某家具城的权利义务在法律层面上直接发生作用、产生实际影响。《拆除违法建设任务书》的效果尚未外化，法院并无受理和审查本案诉讼的必要。

6. 邱某金等诉重庆市人民政府行政复议案

【案情简介】邱某金等因为重庆市人民政府关于中国人民解放军第三军医大学某校区建设用地的通知不符合法律要求，侵犯了他们的合法权益，而于 2014 年 11 月 19 日向重庆市人民政府提出行政复议，并提交了行政复议申请书，要求重庆市人民政府撤销该通知。重庆市人民政府收到当事人的行政复议申请后，向申请人送达通知书，要求邱某金等提交补充证明材料。邱某金等收集完所需材料后，再次将所有所需材料提交重庆市人民政府。经审查，重庆市人民政府认为邱某金等人的行政复议申请不符合《行政复议法》的规定，不属于行政复议的受理范围。因此，重庆市人民政府于 2015 年 1 月 4 日作出了不接受行政复议申请的决定。邱某金等 4 人对行政复议的结果不满意，提起诉讼，要求被告重庆市人民政府撤销其作出的不予受理行政复议决定书，责令其接受行政复议。

【审理裁判】作为终审法院的最高人民法院认为，本案中，重庆市人民政府发布的关于中国人民解放军第三军医大学某校区建设用地的通知，系向重庆市某区人民政府转发国土资源部批复的内部行政行为,对外不发生法律效力,不属于行政复议的受案范围。重庆市政府据此作出《不予受理行政复议申请决定书》适用法律正确,裁定驳回邱某金等的重审申请。

7. 吴某秀诉湖北省武汉市洪山区人民政府确认会议纪要违法案

【案情简介】吴某秀家原有房屋位于武汉市洪山区张家湾东亭岳家嘴21号,房屋登记的产权人为吴某秀之夫吴某海,登记面积为443.49平方米。因武汉市岳家嘴立交桥建设施工,根据武汉市城市规划管理局的规划范围线,吴某秀的房屋位于用地红线范围内。吴某秀因对拆迁补偿有异议而多次信访。2008年8月1日,该房屋被拆除。2009年1月5日,湖北省武汉市洪山区人民政府(以下简称洪山区政府)召开会议,对岳家嘴立交桥建设拆迁工作过程中相关部门的一些处置意见进行记录,并形成会议纪要。该纪要载明:“在房屋拆除后,吴某秀多次到市区信访,坚持以曾办理国有土地建房手续为由提出多种无理要求。为此,洪山区政府责成洪山街和东亭村具体负责吴某秀房屋拆除后的补偿及善后工作。同时,拆迁公司根据岳家嘴立交桥项目拆迁的相关文件,对吴某秀的房屋予以补偿,补偿款直接支付给东亭村村委会,由村委会代吴某秀与拆迁公司履行有关拆迁补偿手续。经评定,拆迁公司对吴某秀的房屋及各项拆除补偿费进行总价控制,其综合补偿单价为7350元/m^2,总价537万元。”2009年4月27日,武汉容昌房屋征收服务有限公司与吴某秀之夫吴某海签订《集体土地房屋拆迁安置协议书》。吴某海于2009年5月15日出具收到房屋拆迁补偿款5,156,579.50元的收条一张,于同月19日出具收到财产、营业等损失的赔偿款13万元的收条一张。吴某秀认为,该会议纪要侵犯其合法权益,提起本案行政诉讼。

【审理裁判】作为终审法院的最高人民法院认为,根据原审查明的事实,洪山区政府召开会议形成的会议纪要虽有涉及吴某秀财产权的相关内容,但仅是对已完成事项的文字记载,且该会议纪要并未通过行政决定等途径外化为具有强制执行力的具体行政行为,因此,该纪要本身并未对吴某秀的合法权益产生实质性影响,原审据此驳回吴某秀的起诉并无不当。

8. 李某志诉重庆市人民政府土地征收行政复议案

【案情简介】2010年12月21日，重庆市人民政府根据重庆市渝北区人民政府关于土地征收的请示作出渝府地〔2010〕1381号《重庆市人民政府关于渝北区实施城市规划建设土地征收的批复》（以下简称渝府地〔2010〕1381号征地批复）。李某志于2013年12月11日向重庆市人民政府提起行政复议申请，请求撤销渝府地〔2010〕1381号征地批复。重庆市人民政府的复议机构于2013年12月13日收到了李某志的行政复议申请，于同月18日作出渝府复〔2014〕39号行政复议申请决定书，对李某志提出的行政复议申请决定不予受理。李某志不服，起诉至法院。

【审理裁判】作为终审法院的最高人民法院认为，本案争议的焦点问题是省级政府的征地批复是否属于行政复议的受理范围。征地批复作为"省、自治区、直辖市人民政府的具体行政行为"，实践中，其相关内容往往已按照《土地管理法》所规定的征地公告程序公之于众，产生了外化效果，且经过同级复议后形成的复议决定，也是向国务院申请裁决的前提依据之一。同时，国务院法制办作为国务院办事机构，亦已办理大量针对省级政府所作的征地批复复议决定申请裁决的案件。因此，本案被诉行政复议决定违反相关法律规定，原审判决适用法律不当。

9. 林某容、郭某、向某平诉重庆市人民政府土地征收行政复议案

【案情简介】林某容、郭某、向某平和重庆市人民政府的纠纷，是由于重庆市人民政府渝府地〔2009〕32号《关于奉节县实施城市规划建设农用地转用和土地征收的批复》的批准而发生的。"农业用地流转和征地建设"争议中，林某容等四人于2013年11月26日向重庆市人民政府提交了行政复议申请书，要求撤销上述批准，理由是上述文件的内容和程序均属违法。重庆市人民政府认为，根据《行政复议法》的规定，该行政复议申请不属于行政复议的受理范围，不符合行政复议的受理条件，于2013年11月27日作出复议告知书，并于当日邮寄送达。林某容等四人不服被诉复议告知书，提起行政诉讼，要求撤销重庆市人民政府作出的复议告知书，并受理其复议申请。

【审理裁判】针对该案中的省级政府的征地批复是否属于行政复议受理范围的问题，最高人民法院的裁判情况与案例附录8号“李某志诉重庆市人民政府土地行政征收复议案”基本一致，此处不再赘述。

10. 罗某会诉重庆市人民政府土地征收行政复议案

【案情简介】2013年2月1日，重庆市人民政府根据重庆市江津区人民政府关于土地征收的请示作出渝府地〔2013〕142号《重庆市人民政府关于江津区实施城市规划建设农用地转用和土地征收的批复》（以下简称渝府地〔2013〕142号征地批复）。罗某会的厂房在征地批复征收的土地范围内。罗某会于2013年3月15日向重庆市人民政府提起行政复议申请，请求确认渝府地〔2013〕142号征地批复的行政行为违法，并予以撤销。重庆市人民政府的复议机构于2013年3月18日收到罗某会的行政复议申请，于2013年3月19日作出渝府复〔2013〕218号行政复议告知书，认为罗某会提出的行政复议申请不符合《行政复议法》及其实施条例的申请条件，决定不予受理。罗某会不服，以重庆市人民政府为被告提起行政诉讼，主张其是江津区双福镇长岭村人，在本村有种兔养殖场及宅基地房屋。2013年2月，被告作出的渝府地〔2013〕142号征地批复征收了其所在村部分集体土地为国有。原告认为被告作出的征地批复违法，向被告申请复议，但被告作出渝府复〔2013〕218号行政复议告知书不予受理其复议申请违法，请求法院依法判决确认被告不予受理其行政复议申请的行为违法。

【审理裁判】针对该案中的省级政府的征地批复是否属于行政复议受理范围的问题，最高人民法院的裁判情况与案例附录8号“李某志诉重庆市人民政府土地行政征收复议案”基本一致，此处不再赘述。

11. 河南某商贸有限公司与国家工商行政管理总局商标局行政批复纠纷案

【案情简介】河南某商贸有限公司是湖北省某股份有限公司（以下简称湖北某公司）授权的系列酒的河南总经销，国家工商行政管理总局商标局（以下简称商标局）作出的商标监字〔2010〕第155号《关于第629873号“豫及图”注册商标有关问题的批复》(以下简称第 155 号批复)关于湖北某公司在其生产的酒产品上突出使用的“豫”“豫贡酒”字样,与第 629873 号注册商标近似,其行为属于《商标法》(2011 年)第 52 条第 1 项所述的商标侵权行为的认定不准确的行为。“某”牌白酒在包装上标注“豫”“豫贡酒”字样的行为,不构成侵犯注册商标专用权。由于商标局此次批复,河南某商贸有限公司价值 200 多万元的白酒被河南省多个地市工商机关扣押,而且第 629873 号商标的权利人也依据此批复提出了 1150 万元的赔偿。河南某商贸有限公司每年投入大量广告费用,自产品被商标局认定为侵权商品后,不仅商品被扣押,而且无法继续经营销售,多年经营的市场份额也会丢失,损失不可估量。商标局在第 155 号批复中直接认定系列酒商标侵权,属于具体行政行为,且河南省多地工商局直接依据该批复扣押河南某商贸有限公司的商品,并将该批复直接送达的行为,使商标局的内部批复行为外化,因而具有可诉性。为此,河南某商贸有限公司作为利害关系人,请求人民法院确认第 155 号批复错误,判决撤销该批复。

【审理裁判】北京市第一中级人民法院认为河南某商贸有限公司提起的行政诉讼不属于人民法院的受案范围,北京市高级人民法院维持一审裁定。河南某商贸有限公司向最高人民法院申诉,最高人民法院认为,《行政诉讼法》(1989 年)第 2 条规定:“公民、法人或者其他组织认为行政机关和行政机关工作人员的具体行政行为侵犯其合法权益,有权依照本法向人民法院提起诉讼。”《执行行诉若干解释》第 1 条第 1 款规定:“公民、法人或者其他组织对具有国家行政职权的机关和组织及其工作人员的行政行为不服,依法提起诉讼的,属于人民法院行政诉讼的受案范围。”上级行政机关对下级机关请示的内部批复能否作为可诉的具体行政行为取决于两个因素:一是该批复是否通过一定途径已经外化;二是该批复是否直接对相对人权益产生影响。如果行政机关的内部批复等公文往来行为不直接对行政相对人的权利义务产生影响,则不应作为可诉的具体行政行为,但如果内部批复已经外化,当事人认为该行政行为对其权利造成了实质性影响,其可以通过行政诉讼获得救济。本案中,商标局是具有全国商标注册和管理等行政管理职能的主管机关,其作出的第

155 号批复针对的是河南省工商行政管理局的请示，虽然形式上属于上下级行政机关之间的公文往来行为，但该批复的内容涉及湖北某公司在其生产的酒商品上突出使用与第 629873 号注册商标近似的“豫”“豫贡酒”字样的行为是否构成商标侵权这一具体事项的认定。鉴于该批复已通过一定的途径公开，客观上对行政相对人的权益产生了直接影响。特别是在商标领域，依据该批复已经出现多个具体行政行为，使当事人难以针对多个具体行政行为主张权利。在此情况下，当事人针对作出该批复行政机关的行政行为提起的诉讼，属于《行政诉讼法》规定的受案范围，人民法院应当受理。

12. 魏某高、陈某志诉来安县人民政府收回土地使用权批复案

该案已在前述“1.1　基于司法实践的‘外部化’发现”部分作为典型案例详加引用，此不赘列。

13. 富宁某煤业有限责任公司与富宁县人民政府其他行政行为及行政赔偿纠纷上诉案

【案情简介】2009 年 2 月 13 日，富宁县人民政府依据云南省煤炭资源整合工作领导小组《关于文山州煤炭资源整合方案的批复》（云煤整合〔2008〕17 号）和文山州煤炭资源整合领导小组办公室《关于实施的意见》（文煤整字〔2008〕2 号）作出了《关于自行关闭富宁县某煤矿的通知》（富政发〔2009〕14 号），要求富宁县某煤业有限责任公司（以下简称某煤业公司）在 2009 年 2 月 28 日前对某煤矿自行自动关闭，拆除机械设备，妥善遣散从业人员。2009 年 5 月，文山州政府作出《关于撤销富政发〔2009〕14 号文件的通知》（文政发〔2009〕47 号），再次确认富宁县人民政府的行为违法，要求及时重新作出具体行政行为。但富宁县人民政府在没有作出任何具体行政行为决定的情况下，下发了关闭煤矿的富政发〔2009〕130 号《富宁县人民政府关于印发富宁县（某）煤矿关闭治理工作实施方案的通知》（以下简称富政发〔2009〕130 号《实施方案》），授意相关职能部门对富宁县煤矿实施关闭。某煤业公司认为富政发〔2009〕130 号《实施方案》侵犯了其相关权益，遂起诉。

【审理裁判】一审法院认为，富政发〔2009〕130 号《实施方案》属于富宁县人民政府对其下属职能部门下发的一个内部文件,该文件没有直接下发给某煤业公司,对某煤业公司并不直接产生法律上的权利义务关系,并不是针对特定的某煤业公司作出的具有行政约束力的具体行政行为,仅属于内部分工的文件。因此,富政发〔2009〕130 号《实施方案》应当属于没有外化的内部行政行为,不具有可诉性,故对某煤业公司请求撤销富政发〔2009〕130 号《实施方案》的诉求不予支持。本案作出关闭某煤业公司煤矿公告行为的机关是云南省煤矿安全监察局和云南省煤炭工业局,某煤业公司请求富宁县人民政府赔偿其的经济损失 5,349,564 元,并不是富宁县人民政府依法作出的具体行政行为所造成的直接经济损失,故某煤业公司请求富宁县人民政府赔偿其 5,349,564 元经济损失与本案不具关联性,不予支持。综上所述,某煤业公司所诉富政发〔2009〕130 号《实施方案》,属富宁县人民政府对其下属职能部门作出的一种工作部署的内部行政行为,不具可诉性。依照《执行行诉若干解释》第 44 条第 1 款第 1 项的规定,裁定驳回某煤业公司的起诉。

某煤业公司不服一审裁判,遂上诉至云南省高级人民法院。

二审法院认为,富宁县人民政府 2009 年 12 月 14 日作出的富政发〔2009〕130 号《实施方案》虽然是关于关闭上诉人煤矿相关事宜而制定的文件,但其下发对象为富宁县人民政府的下一级人民政府新华镇人民政府及其直属相关部门等,并未直接下发给上诉人,系行政机关内部行文形成的文件。同时,富政发〔2009〕130 号《实施方案》只能通过相应政府职能部门进行吊销或撤销上诉人开采煤矿的相应证照等具体行政行为来具体实施,富政发〔2009〕130 号《实施方案》亦非对上诉人的权利义务产生直接影响的具体行政行为,上诉人提出撤销富政发〔2009〕130 号《实施方案》的请求事项,应不予受理。因此,富政发〔2009〕130 号《实施方案》不具可诉性。

14. 新安县某化工有限公司诉新安县人民政府行政决定案

【案情简介】新安县某化工有限公司在新安县五头镇蔡庄村投资建厂,2005 年 3 月 28 日领取企业法人营业执照。2008 年 12 月 1 日,新安县环境保护局向新安县人民政府提交《关于对新安县惠丰石料加工厂和新安县某化工有限公司进行关闭拆除的报告》，报告中称：新安县某化工有限公司位于新安县五头镇仝沟村和河北交界处，属于小化工项目，无环保审批手续，2005年被五头镇政府强制关停，2008年10月县环境保护局现场检查时发现该厂进行偷生产，为消除污染隐患遏制“十五小”企业反弹，建议由电业局对其实施断电、由水利局实施断水、由县工商局吊销其营业执照、由五头镇政府对其实施强制拆除。2008年12月2日，新安县主管环保工作的县政府领导在该报告上批示：请电业局立即对其采取停电措施，并拆除配电设施及其相关线路；工商局吊销两企业营业执照；环保局督促乡镇政府拆除设备、清除原料，水利局停止供水，并将结果报县政府。请将此文复印转相关单位执行。2008年12月4日，新安县五头镇电管所持该份经签批的报告到新安县某化工有限公司处切断电源。新安县某化工有限公司认为新安县人民政府的上述批示侵犯了其合法权益，遂向法院起诉撤销。

【审理裁判】一审法院认为，新安县人民政府相关领导在新安县环境保护局的报告上的批示，对原告新安县某化工有限公司的权益产生了直接影响，符合法定的起诉条件。根据批示内容，该决定属于《行政处罚法》（2011年）第8条规定的责令停产停业、吊销营业执照的行政处罚种类，电业局停止供电是强制其停产的手段。根据《行政处罚法》（2011年）第36、37、38、39条的规定，行政处罚的作出应当调查取证，根据情况按照法律规定的形式和内容制作行政处罚决定书。根据该法第31、32、42条的规定，行政机关在作出行政处罚决定之前，有告知当事人作出行政处罚决定的事实、理由及依据的义务，以及告知当事人依法享有的申辩、起诉和复议的各项权利，以及要求听证的权利。本案中，被告提供的证据不能证明该行政处理决定的作出符合上述法律规定，且未依法送达并告知原告相关权利，程序违法。判决确认被告的批示无效。

新安县人民政府不服一审判决，遂上诉至洛阳市中级人民法院。

二审法院认为，该批示从形式上看属于内部行政行为，原则上不对外发生效力，但新安县五头镇电管依据该批示对新安县某化工有限公司实施的断电行为已经将该内部行政行为内容外化，对行政相对人的权利产生了实际影响，符合行政行为的要件，具有强制力，属于《行政诉讼法》的受案范围。上诉人新安县人民政府认为该批示仅是向政府各职能部门传达的一种领导意见，不属于人民法院行政诉讼受案范围的理由不能成立。

15. 张某应诉重庆市南岸区人民政府强制拆迁批复行政纠纷案

【案情简介】张某应起诉要求确认违法的南岸府发〔2009〕216号《重庆市南岸区人民政府关于区房屋管理局申请强制拆迁弹子石谦泰路(巷)65号2单元7—4号房屋的批复》，是重庆市南岸区人民政府根据其下级行政机关重庆市南岸区房屋管理局的南岸房管〔2009〕251号《关于申请强制拆迁弹子石谦泰路(巷)65号2单元7—4号房屋的请示》而作出的，针对的特定对象是重庆市南岸区房屋管理局而非张某应。重庆市南岸区人民政府也未主动依张某应的意思表示将此批复送达或告知张某应。张某应向重庆市南岸区人民政府申请政府信息公开后，重庆市南岸区人民政府才依申请向张某应公开了此批复。

【审理裁判】法院审理认为，重庆市南岸区人民政府的批复行为属于内部行政行为，原、被告间并未因该批复而设立行政法律关系，该批复亦未对原告的权利义务产生实际影响，不属于人民法院行政审判的权限范围。

16. 薛某兰与宣城市人民政府城市规划行政批复纠纷上诉案

【案情简介】薛某兰于2003年11月购买住房。其所购住房位于宣城市宣州区，具体住址为鳄城花园住宅小区A区3幢106室。2008年7月，薛某兰所住小区建设单位在其住房西侧进行两栋门面房建造。由于所建门面房的位置与薛某兰住房的位置属于垂直修建关系，同时两栋房屋间距只有2.5米，但高度达10米。薛某兰住在一楼，但门面房的高度却高出其房屋3倍多，严重阻碍了其房屋的通风、采光等，降低了居住舒适度，并在消防问题上为其带来了极大的隐患。为此，薛某兰向宣城市规划局反映，并由此得知宣城市人民政府已于2001年8月对鳄城花园住宅小区详细规划作了批复。薛某兰即向安徽省人民政府对该批复提出行政复议申请。安徽省人民政府作出维持宣城市人民政府批复的决定。但薛某兰仍认为宣城市人民政府作出的宣政秘〔2001〕100号《关于同意宣城区鳄城花园住宅小区详细规划的批复》(以下简称宣政秘〔2001〕100号批复)违反了国家法律、法规等强制性规定,且两栋门面房的建设已严重影响了其生活,其享有的通风、采光等权益受到损害。薛某兰遂依法提起行政诉讼,要求撤销宣政秘〔2001〕100号批复中关于同意小区西侧宣港路1号、2号两栋门面房与A区2幢、3幢房屋间距的规划行政行为。

【审理裁判】一审法院认为:宣政秘〔2001〕100号批复是宣城市人民政府根据宣城市建设委员会的请示作出的批准文件,未直接送达给薛某兰,应属行政机关内部行文。该批复的内容是针对整个鳄城花园的详细规划,而不是直接针对本案所涉1号、2号两栋门面房的具体规划,对薛某兰的权利义务不能直接产生影响,且该批复并不能直接实施,还需要建设主管部门核发建设工程规划许可证才能正式开工建设。因此,薛某兰所诉的宣政秘〔2001〕100号批复不是具体行政行为,不属于人民法院审理的行政诉讼的受案范围。裁定驳回薛某兰的起诉。

薛某兰不服一审裁定,遂上诉至安徽省高级人民法院。

二审法院认为:宣城市人民政府根据宣城市建设委员会请示作出的宣政秘〔2001〕100号批复,系行政机关内部运作的行为,对当事人的权利义务未产生实际影响。根据《执行行诉若干解释》第1条第2款第6项的规定,薛某兰对宣政秘〔2001〕100号批复提起诉讼,不属于人民法院行政诉讼的受案范围。一审裁定驳回薛某兰起诉并无不当,上诉人的上诉理由不能成立,本院依法不予支持。

17. 延安某建筑工程有限责任公司诉陕西省延安市安全生产监督管理局生产责任事故批复案

该案已在前述"2.1.1 一种认识导向:诉诸案例实践"部分作为典型案例详加引用,此不赘列。

18. 郑某华等不服成都市武侯区人民政府国土行政批复案

【案情简介】拆迁过程中郑某华等对安置方案予以拒绝。2007年6月15日,成都市国土资源局武侯分局因郑某华等拒绝搬迁并交出土地,遂以国土资武〔2007〕81号文内部报请被告成都市武侯区人民政府批准对其实施强制搬迁。成都市武侯区人民政府接到该分局报送的材料后，根据《四川省〈中华人民共和国土地管理法〉实施办法》以及《成都市征地补偿安置办法》的规定，审批同意成都市国土资源局武侯分局对其实施强制搬迁，并于2007年6月27日下发了成武府函〔2007〕120号批复。成都市国土资源局武侯分局据此于2007年7月5日发布公告，责令原告郑某华等人于2007年7月9日前自行搬迁至兴元丽苑安置房内，逾期将实施强制搬迁。2008年4月17日，成都市国土资源局武侯分局向郑某华等发出告知书，告知对其实施强制搬迁。2008年12月8日，郑某华等不服成都市武侯区人民政府于2007年6月27日作出的成武府函〔2007〕120号内部批复，向法院提起行政诉讼，要求法院撤销该批复。

【审理裁判】法院审理认为：被告成都市武侯区人民政府针对成都市国土资源局武侯分局实施强制搬迁问题的请示作出的成武府函〔2007〕120号批复，虽然是行政机关就行政事项作出的内部审批行为，该批复也并未向原告送达，但该批复实际上对原告的相关利益产生了影响，因而是可诉的行政行为，原告对此批复提起行政诉讼符合相关法律规定。又因该批复有相关的事实依据，具备相应的法律条件，适用法律正确，其批复过程的程序也符合法律规定，依法应予维持。

19. 万宁市人民政府等与海南某环保实业有限公司土地行政征用及行政赔偿纠纷上诉案

【案情简介】2004年2月22日，万宁市人民政府作出39号《批复》。该批复的大致内容为："市国土环境资源局《关于收回海南某环保实业有限公司国有土地使用权的请示》（万土环资〔2004〕11号）已收到并知悉。海南某环保实业有限公司于2003年1月通过挂牌方式，以911.1680万元取得兴隆旅游区100亩土地使用权，作为恒涛花园酒店项目建设用地。但海南某环保实业有限公司至今尚欠土地出让金411.1680万元，违反上级有关文件规定。经研究，同意收回海南某环保实业有限公司位于兴隆旅游区的100亩土地使用权。由市建设局会同市国土资源环境局负责按规定组织评估，然后进行公开出让，所得款项上缴市财政,用于抵顶该公司所欠土地出让金及有关款项。”2004 年 2 月 22 日,万宁市国土资源环境局作出 13 号《通知》。该通知的内容为:“海南某环保实业有限公司自 2003 年 1 月通过挂牌方式以 911.1680 万元取得兴隆旅游区 100 亩土地使用权,作为恒涛花园酒店项目建设用地。但至今海南某环保实业有限公司尚欠土地出让金 411.1680 万元,违反有关规定。根据《万宁市人民政府关于同意收回海南某环保实业有限公司国有土地使用权的批复》(万府函〔2004〕39 号)的精神,决定收回海南某环保实业有限公司上述所取得的国有土地使用权,注销其国有土地使用证(土地证号分别为:万国用〔2003〕第 190005 号、190019 号、190020 号)。”2004 年 2 月 23 日,两被告送达 39 号《批复》及 13 号《通知》给海南某环保实业有限公司。海南某环保实业有限公司认为万宁市人民政府、万宁市国土资源环境局作出的上述行为侵犯了其合法权利,向法院提起诉讼。

【审理裁判】一审法院认为:39 号《批复》所针对的对象虽是万宁市国土资源环境局,但由于其与 13 号《通知》均已送达给原告,原作出批复的内部行政行为已经发生外部效力,转变为外部行政行为。因此 39 号《批复》是可诉的具体行政行为。万宁市国土资源环境局向海南某环保实业有限公司发出 13 号《通知》收回涉案的 100 亩土地使用权是基于 39 号《批复》的明确复函情况而作出的,上述批复和通知违法。二审法院维持了一审判决。

20. 梁某诉南宁市邕宁区人民政府会议纪要案

【案情简介】2004 年 9 月 23 日,原邕宁县人民政府为解决原告梁某要求享受国家固定退休职工待遇的问题,召集有关职能部门及有关人员召开专题会议。2004 年 9 月 29 日,原邕宁县人民政府办公室作出〔2004〕62 号会议纪要,其主要内容包括以下事实:第一,梁某在该县城乡建设委员会办理的退休证不符合法定条件,应属无效证件,按相关规定应收回。第二,根据相关规定梁某不属于国家固定退休职工,不具有享受国家固定工人退休待遇的权利。第三,原邕宁县人民政府并未查到梁某的招工手续及退休审批档案手续。第四,经研究决定梁某享有以下退休待遇,即每月发放生活补助费 380 元;医疗费按照个人年住院医疗费在3000元以下的按60%的标准发给,3000元以上部分由个人自理。该会议纪要下发到了与会各单位。2006年6月,在原告向环卫站询问增资问题的过程中,环卫站答复其根据〔2004〕62号会议纪要精神来支付原告的生活补助费,并将该会议纪要发给原告。梁某不服该会议纪要,向法院提起诉讼。

【审理裁判】法院认为:原邕宁县人民政府召集有关职能部门开会讨论,并下发会议纪要到与会各部门,该会议纪要决定了原告退休证的效力、职工身份及补贴待遇等事项,有关职能部门实质上按照会议纪要决定的内容来执行,没有另外行文作出相应的决定。该会议纪要对原告的人身权和财产权产生了实质性影响,符合具体行政行为的特征,属于具体行政行为。

21. 佛山市某贸易有限公司诉佛山市人民政府、佛山市国土资源局收回国有土地使用权案

【案情简介】2003年9月8日,佛山市国土资源局根据《土地管理法》(1998年)第58条及《城市房地产管理法》(1994年)第19条的规定,对位于佛山市五峰四路21号2911.5平方米的国有土地作出了佛国土资字〔2003〕184号《关于收回佛山市五峰四路21号土地的请示》,向佛山市人民政府请示收回该块土地并划拨给佛山科学技术学院做教育用地。2003年10月21日,佛山市人民政府以佛府函〔2003〕79号《关于同意收回五峰四路21号土地并划拨给佛山科学技术学院的批复》(以下简称佛府函〔2003〕79号批复)批准了佛山市国土资源局的申请。2003年10月31日,佛山市国土资源局依据该批复作出佛国土资字〔2003〕227号《关于收回五峰四路21号国有土地使用权的决定》,收回了佛山市某贸易有限公司的国有土地使用权,并按评估价补偿其212.51万元。佛山市某贸易有限公司对该收回用地决定不服,申请行政复议。佛山市人民政府作出了维持的复议决定。佛山市某贸易有限公司不服,向佛山市中级人民法院提起诉讼。

【审理裁判】一审法院认为:由于佛府函〔2003〕79号批复是针对佛山市国土资源局收回国有土地使用权请示而作出的批复,属于行政机关之间的内部批准文件，对原告的权利义务不产生直接影响，原告的国有土地使用权是因佛山市国土资源局作出的佛国土资字〔2003〕227 号《关于收回五峰四路 21 号国有土地使用权的决定》而被收回的，故被告佛山市人民政府作出的佛府函〔2003〕79 号批复不属于行政诉讼受案范围。

佛山市某贸易有限公司不服一审判决，遂上诉至广东省高级人民法院。

二审法院认为：《执行行诉若干解释》第 1 条第 2 款规定"公民、法人或者其他组织对下列行为不服提起诉讼的，不属于人民法院行政诉讼的受案范围：……（六）对公民、法人或者其他组织权利义务不产生实际影响的行为"；第 44 条第 1 款规定"有下列情形之一的，应当裁定不予受理；已经受理的，裁定驳回起诉：（一）请求事项不属于行政审判权限范围的；……"。被上诉人佛山市人民政府作出佛府函〔2003〕79 号批复的行为是对佛山市国土资源局关于收回争议土地的国有土地使用权的请示所作出的批复，并未直接对上诉人发生法律效力，对其权利义务不产生实际影响。上诉人佛山市某贸易有限公司请求撤销佛山市人民政府作出的佛府函〔2003〕79 号批复，不属于行政诉讼的受案范围，原审法院依据上述规定，驳回上诉人对佛山市人民政府的起诉正确。

22. 某食品有限责任公司诉泗洪县人民政府行政命令纠纷案

【案情简介】2001 年 4 月，经泗洪县人民政府批准，某食品有限责任公司成为泗洪县的生猪定点屠宰单位之一。2003 年 5 月 22 日，泗洪县人民政府分管兽医卫生监督检验工作的副县长电话指示县兽检所，停止对县肉联厂以外的单位进行生猪检疫。某食品有限责任公司报请县兽检所对其生猪进行检疫时，该所即以分管副县长有指示为由予以了拒绝。某食品有限责任公司认为分管副县长的电话指示侵犯了其合法权益，遂向法院提起诉讼。

【审理裁判】一审法院认为：电话指示对县兽检所的检疫职责不具有强制力，是行政机关内部的行政指导行为；电话指示内容未提及某食品有限责任公司，不会对某食品有限责任公司的权利义务产生直接影响。故该电话指示不属于人民法院行政诉讼的受案范围。

某食品有限责任公司不服一审判决，遂向江苏省高级人民法院提起上诉。

二审法院则认为：分管副县长对县兽检所的电话指示是行政机关内部的行政行为，但县兽检所拒绝对某食品有限责任公司的生猪进行检疫，其电话指示已经对某食品有限责任公司的合法权益产生了实际影响，成为具有强制力的行政行为。此外，分管副县长在该县仅有两家定点屠宰场所还在从事正常经营活动的情况下，电话指示停止对县肉联厂以外单位的生猪进行检疫，指示中虽未提及某食品有限责任公司的名称，但实质是指向该公司的。分管副县长就特定事项、针对特定对象所作的电话指示，对内、对外均发生了效力，并已产生了影响法人合法权益的实际后果，故属于人民法院行政诉讼的受案范围内的可诉行政行为。

23. 董某诉如皋市人民政府责成强制拆迁案

【案情简介】该案件是董某等人因房屋拆迁问题与如皋市人民政府发生的纠纷。该案的具体情况分为四个阶段：第一，董某居住的房屋被如皋市发展计划与经济贸易委员会批准给房地产开发公司建设商用楼，该公司正在建造一幢商业建筑，因此董某面临拆迁问题。第二，董某未能在宣布的拆迁时间内与拆迁人达成拆迁补偿安置协议。为了解决这个问题，如皋市建设局对两者之间的拆迁纠纷进行了裁定。规划范围内的房屋及附属设施应当自收到裁定之日起5 日内移交给拆迁人拆除。裁定书于同日移交给董某和其他人并签署。第三，董某和其他人没有按照裁定的内容将房屋移交给拆迁人进行拆除。第四，基于这种情况，如皋市建设局于 2004 年 2 月 19 日向如皋市人民政府提出书面申请，批准强制拆除董某及其他人的房屋。如皋市人民政府经研究，向如皋市建设局下达了皋府法〔2004〕第 6 号行政强制性拆除的批准书。至此，此案已演变为董某和其他人与如皋市人民政府之间的强制拆除案。皋府法〔2004〕第 6 号行政强制性拆除批准书的主要内容是指示如皋市建设局组织有关单位对被拆迁人董某和其他人的房屋进行强制拆除。2004 年 4 月 1 日，如皋市建设局向董某发出了通知，限其在 4 月 15 日之前搬离房屋和拆除房屋及附属者。如果董某未能在期限内履行义务，如皋市建设局将组织有关部门强制执行拆除工作。董某认为,如皋市人民政府的行政强制性拆迁批准书侵犯了他的私有财产权,遂向法院提起行政诉讼,要求取消行政强制性拆迁批准书。

【审理裁判】一审法院认为:被告如皋市人民政府的批准行动虽然是根据如皋市建设局的申请而作出的,但实质上其批准强制拆除的权力来自市政府的明确授权。如果这样做,不管原告的批准书是否直接送达,原告的房屋都将被拆除,这实质上侵犯了原告的合法权益。依照《行政诉讼法》的有关规定,被告的批准行为应属可诉的具体行政行为。……但被告因原告董某在裁决所确定的期限内未予搬迁,依据《城市房屋拆迁管理条例》(现已失效)的授权,批准如皋市建设局组织有关单位强制拆除原告董某居住的房屋并不对其合法权益造成侵害。故驳回原告董某的诉讼请求。

董某拒绝接受一审判决,并向江苏省高级人民法院提起上诉。

二审法院认为:在董某和拆迁人未就拆迁补偿安置达成协议的情况下,如皋市建设局根据房屋拆迁补偿申请书作出裁定——房屋拆迁补偿安置。该裁定对当事方的房屋拆迁纠纷作出裁定,并明确了被拆迁房屋的搬迁期限。在上诉人董某没有按照裁定的搬迁期限搬离房屋的情况下,上诉人如皋市人民政府指示如皋市建设局强行搬迁,未对房屋设置新的权利义务,未对提起上诉的被拆迁人董某的权利义务产生新的实际影响。上诉人如皋市人民政府指示有关部门强制拆除房屋的行为,不在人民法院行政诉讼范围之内。被上诉人如皋市人民政府的上述行为不属于人民法院行政诉讼的受案范围,不能成为上诉理由,法院不予支持。

24. 叙永县某厂不服叙永县财政局国有资产界定案

【案情简介】2001 年叙永县县城规划改造,争议房屋属于被拆迁地段,叙永县某厂开始主张该处房屋的产权。叙永县民政局认为该处房屋属于国有资产,叙永县某厂属其管理的福利企业,为有利于拆迁工作顺利进行,使国有资产保值增值,保障叙永县某厂职工的基本生活,于 2002 年 6 月 12 日向叙永县人民政府请示对该处房屋进行管理。叙永县财政局根据叙永县民政局的请示和叙永县人民政府的意见，依照《国有资产产权界定和产权纠纷处理暂行办法》和《集体企业国有资产产权界定暂行办法》的有关规定，于2006年7月17日作出叙财统〔2002〕7号《关于对叙永县某厂产权问题的批复》，明确叙永县某厂使用的叙永县叙永镇江西街53号房屋产权属国有，划归叙永县民政局管理。叙永县某厂不服，向叙永县人民政府申请复议，叙永县人民政府经复议于2002年9月10日作出〔2002〕叙复议字第13号维持原具体行政行为的行政复议决定。叙永县某厂仍然不服，向叙永县人民法院提起行政诉讼。

【审理裁判】一、二审法院皆判决维持叙永县财政局2002年7月17日作出的叙财统〔2002〕7号《关于对叙永县某厂产权问题的批复》。

25. 宋某全不服泸州市公路运输管理处收回营运线路牌照案

【案情简介】2000年11月，宋某全与合江县榕山运输公司签订车辆联营合同。经合江县公路运输管理所审查同意，宋某全一直经营“合江至泸州”线路的客车运输。但被告泸州市公路运输管理处于2002年3月18日向合江县公路运输管理所作出《关于收回川E11479依维柯车合江至泸州线路牌的通知》，其通知内容为：“根据省运管局规定，我市定车定牌工作已基本结束，但经我处核查，你县榕山运输公司的川E11479依维柯原营运的线路为榕山至泸州。在去年更换线路牌实行定车定牌期间，由于企业误报和你所审查不严，误将线路牌制作为合江至泸州。现我处已对此进行了纠正，川E11479的榕山至泸州线路牌已制好，请你所将以上车辆的合江至泸州线路牌收回到市处更换新线路牌。”合江县公路运输管理所根据该通知的要求将该线路牌收回。宋某全不服，请求法院撤销被告作出的《关于收回川E11479依维柯车合江至泸州线路牌的通知》。

【审理裁判】一审法院认为：泸州市公路运输管理处在作出《关于收回川E11479依维柯车合江至泸州线路牌的通知》时，并无证据证明企业误报的事实。即便是合江县榕山运输公司的说明也是在作出通知之后的说明，违背了行政程序中先取证后裁决的法律规定，显属程序违法。判决撤销被告泸州市公路运输管理处《关于收回川E11479依维柯车合江至泸州线路牌的通知》。

泸州市公路运输管理处不服一审判决，向泸州市中级法院提起上诉。

二审法院认为，从泸州市公路运输管理处通知的形式上看，该通知是对县运管所作出的，但是通过县运管所对该通知的告知与执行，该通知行为已经外化，泸州市公路运输管理处对该线路牌的收回，实质上是对合江县榕山运输公司和宋某全该线路经营权的取消，这必然影响宋某全的经营权。泸州市公路运输管理处认为该通知属内部工作安排行为的理由不能成立。

26. 吉某仁等诉盐城市人民政府行政决定案

【案情简介】2002 年 8 月 20 日，盐城市人民政府作出第 13 号《专题会议纪要》，主要内容包括：城市公交的范围界定在批准的城市规范区内，以城市规划区为界，建设和交通部门各负其责，各司其职；城市公交在规划区内开通的老干线路，要保证正常运营，继续免交有关交通规费；在规划范围内的城市公共客运上发生的矛盾，须经政府协调，不允许贸然行事，否则将追究有关方面的责任。吉某仁等认为第 13 号《专题会议纪要》属于违法行政决定行为，向江苏省盐城市中级人民法院提起诉讼。

【审理裁判】一审法院认为，被告盐城市人民政府的第 13 号《专题会议纪要》虽然形式上是发给下级政府及所属各部门的会议材料，但从该纪要的内容上看，它对本市城市公交的运营范围进行了界定，并明确在界定范围内继续免交交通规费，而且该行为已实际导致城区交通局对公交总公司的管理行为的中止，所以第 13 号《专题会议纪要》是一种行政决定行为，有具体的执行内容，是可诉的行政行为。

吉某仁等不服一审裁判，遂向江苏省高级人民法院提出上诉。

二审法院认为，由于第 13 号《专题会议纪要》是赋予一方当事人权利的行为，公交总公司作为受益人也参加了会议，第 13 号《专题会议纪要》虽未向利益相对方直接送达，但该会议纪要的相关内容在其后已经得到执行，城区交通局已将无法对公交总公司进行行政管理的原因及第 13 号《专题会议纪要》的内容书面告知了吉某仁等人，因此应当认定盐城市人民政府在第 13 号《专题会议纪要》中作出的有关公交车辆在规划区免征规费的行为是一种可诉的具体行政行为。

27. 某公司诉三亚市人民政府组织清算案

【案情简介】1992年4月10日，三亚市人民政府以市府外企函〔1992〕4号《关于同意成立新世界彩色冲印有限公司的批复》，批准海天公司与某公司在三亚合资成立新世界彩色冲印有限公司（以下简称新世界公司）。后因双方在履行合资合同过程中发生纠纷，某公司依合资合同中的仲裁条款于1995年4月8日向中国国际经济贸易仲裁委员会申请仲裁。1997年1月6日，某公司依生效的仲裁裁决向海口市中级人民法院申请执行，要求法院组织清算，并分配剩余财产。海口市中级人民法院立案后，以中外合资企业的清算应由合资企业主管部门组织进行，人民法院组织清算没有法律依据为由，裁定中止执行。而后，海天公司以自己和新世界公司的名义向三亚市经济合作局申请主持清算并提交了清算方案。2001年2月9日，三亚市人民政府以三府外企函〔2001〕2号《关于合资企业海南新世界彩色冲印有限公司清算方案的复函》同意清算小组名单并委托海南华宇会计师有限公司清算。三亚市人民政府于2001年4月6日作出三府外资函〔2001〕7号《关于海南新世界彩色冲印有限公司有关结算问题的批复》，认定“新世界公司清算工作已按程序完成，在执行中如中外双方有不同意见，可以按法律程序处理”。2003年1月17日，某公司以三亚市人民政府主持清算程序违法为由，向三亚市中级人民法院提起行政诉讼。

【审理裁判】一审法院认为，三亚市人民政府作出的有关清算问题的批复是内部行政行为，并不对外产生权利义务的实际影响，裁定不予受理。

某公司不服，向海南省高级人民法院提起上诉。海南省高级人民法院认为，三亚市人民政府的批复属于外部行政行为，且内容涉及某公司的权利义务，于2003年3月26日作出裁定，指令三亚市中级人民法院立案受理。

28. 广州市某投资发展有限公司诉广州市对外经济贸易委员会行政处理决定纠纷案

【案情简介】1999年7月29日，广州市对外经济贸易委员会（以下简称广州市外经委)作出143号通知致广州市人民政府侨务办公室(以下简称广州市侨办),“鉴于我委于1993年12月30日以穗外经贸业〔1993〕904号文批准三联公司与嘉宇公司合作设立侨丰公司,同意侨丰公司在市规划局〔1992〕城地批字第39号、第55号文同意使用的654,107平方米地块上开发、建设、销售、出租和管理自建的商品房。鉴于香港法庭于1997年7月16日向嘉宇公司发出清盘令,根据香港法律,嘉宇公司对本公司的产权已无任何处置的权利,所以,由此而延伸的协议、合同均失去了其法律基础。经研究,撤销我委337号、6号和9号批复。接文后,请通知企业缴回珠江侨都公司的批准证书,并到有关部门办理相关的注销手续。珠江侨都项目是我市的重要建设项目,并早已成立筹委会。去年12月29日的珠江侨都筹委会会议上又明确了若干事项,望三联公司能按市政府要求进一步做好各方面工作,保证工程能依法顺利推进”。1999年10月25日,被告广州市外经委作出233号通知致广州市侨办,其内容为“我委于1999年7月29日发出穗外经贸业〔1999〕143号文《关于撤销我委三个批复文件的通知》,经研究现予以撤销”。广州市某投资发展有限公司不服该233号通知行政处理决定,向广东省高级人民法院提起诉讼。

【审理裁判】广州市外经委是广州市人民政府负责中外合作经营企业的审批和主管机关,其作出的233号通知虽然是以内部发文的形式直接发给广州市侨办,并抄送三联公司、珠江公司等有关单位和企业的,但是该通知的内容不仅涉及广州市外经委原先作出的143号通知以及337号、6号和9号批复的法律效力问题,还直接涉及有关相对人对珠江侨都项目的经营权问题,显然具有行政法上的权利义务内容,产生了新的行政法律关系。对于行政关系的有关当事人来说,233号通知应属于可诉性的具体行政行为。但是,由于没有依据认定原告广州市某投资发展有限公司与该具体行政行为存在法律上的利害关系,广州市某投资发展有限公司不具备本案原告的诉讼主体资格。

广州市某投资发展有限公司不服一审裁定,遂上诉至最高人民法院。

对于该案中的一个细节性问题——珠江侨都筹委会《会议纪要》的性质与效力的争议,作为二审法院的最高人民法院认为,珠江侨都筹委会《会议纪要》

只具有行政指导性质，不具有强制力。该纪要关于“同意某公司参加珠江侨都项目的投资”的表述，不能改变侨都公司各方的法律地位，不能在法律上产生新的权利和义务关系，不具有行政法律效力。

29. 陈某璋诉三明市人民政府、三明市建设委员会等许可占道经营案

【案情简介】1998年6月9日，三明市建设委员会向三明市人民政府提出请示报告称，“1997年12月初，在实施三明市城市管理办公室、三明市工商行政管理局、三明市城建监察支队联合通知的过程中，由于出现了一些不利于社会安定的因素，并一直延续迄今，为了维护社会安定团结，促进市场经济发展，请求三明市政府明文批准停止该通告的实施，维持文化巷占道经营原状”。1998年6月21日，三明市人民政府办公室作出明政办〔1998〕92号《关于维持文化巷占道经营的批复》并同意由三明市城建监察支队对该巷占道经营进行规范管理。陈某璋于1995年10月购买三明市梅列区文化巷3号店并开办榕城日杂综合经营部。陈某璋认为，上述四机关许可文化巷占道经营并收取占道等费用是非法的，影响了该道路的通行及妨碍了其店面的经营权，遂向法院起诉。

【审理裁判】一审法院认为，1998年6月21日三明市人民政府办公室作出的明政办〔1998〕92号《关于维持文化巷占道经营的批复》是具有普遍约束力的决定，不属于行政诉讼受案范围，不能提起行政诉讼。

陈某璋不服一审裁定，遂向三明市中级人民法院提出上诉。

三明市中级人民法院认为，三明市人民政府办公室明政办〔1998〕92号《关于维持文化巷占道经营的批复》属三明市人民政府办公室受政府的委托对梅列区文化巷占道摊点的认可，其针对的特定对象是占道经营，属具体行政行为，属《行政诉讼法》调整的范围。判决撤销一审裁定书，发回重审。

30. 申某与中牟县教委行政纠纷案

【案情简介】电器化学校创建于1987年，举办人为陈某、申某二人。1994年后，因陈某、申某二人发生纠纷未能及时解决，该校的正常教学受到了影响。1996年1月23日，原中牟县教育局为解决该校的纠纷，召开了局长办公会议并制作了《中牟县教育局局长办公会议纪要》,其中决定:申某自即日起退出电器化学校举办人行列,可另行办学;电器化学校应付给申某办学启动资金300万元,限于开办学校所用,并由县教育局保管和审批使用;付款时间:电器化学校分别于1996年1月23日付人民币150万元,1996年10月1日前付人民币75万元,1997年10月1日前付人民币75万元,交教育局计财股保管;如不按时付款,该校财产由申某负责接管。陈某、申某均在《中牟县教育局局长办公会议纪要》上签名表示同意。

【审理裁判】作为终审法院的最高人民法院判决认为:原中牟县教育局于1996年1月23日制作的《中牟县教育局局长办公会议纪要》,系教育行政主管部门为解决电器化学校举办人之间的纠纷拟定的处理意见。从形式上来看,《中牟县教育局局长办公会议纪要》是解决纠纷商量对策的内部行政行为;但从《中牟县教育局局长办公会议纪要》内容上来看,其部分条款为原中牟县教育局设定了保管和审批办学启动金的职权,并且《中牟县教育局局长办公会议纪要》以陈某、申某签名同意作为生效条件,所以《中牟县教育局局长办公会议纪要》在性质上应属于中牟县教委与电器化学校的两名举办人三方之间签订的行政协议。因此,被上诉人申某在中牟县教委不履行协议中确定的义务条款时,以被上诉人中牟县教委不履行义务提起行政诉讼,属于人民法院的受案范围。

31. 邱某不服连城县人民政府注销国有土地使用证案

【案情简介】1995年3月,邹某与邱某因土地使用权证发生纠纷,后邹某向连城县土地管理局提出异议,认为邱某的土地使用权证是以欺骗的方式取得的,请求撤销邱某的土地使用权证。连城县土地管理局经过调查取证后,于1995年12月12日向连城县人民政府作出土〔1995〕68号《关于申请注销邱某户国用〔1994〕字第00210号国有土地使用证的请示》(以下简称土〔1995〕68号请示)。其依据是李某将120平方米土地实际转让给邱某、邹某,邱某与邹某在土地使用权转让上不能达成一致意见,因而邱某假造卖契,并凭假卖契与连城县土地管理局签订了国有土地使用权出让合同,骗取土地使用证书,其行为违反了《经济合同法》(1997 年)第 7 条和《河南省土地登记发证办法》第 26 条的规定,所以报请连城县人民政府注销该土地使用证书。1996 年 6 月 1 日,连城县人民政府以政〔1996〕综 208 号批复,同意注销邱某户国用〔1994〕字第 00210 号国有土地使用证,并将该批复抄送邱某。邱某不服该批复,诉请法院撤销连城县人民政府作出的政〔1996〕综 208 号批复。

【审理裁判】二审法院认为:连城县人民政府答复下级机关请示事项的政〔1996〕综 208 号批复不应当直接抄送邱某,违反了法定程序,以土〔1995〕68 号请示所确认的理由作为批复注销邱某的国有土地使用证的依据,不能成立。因此,连城县人民政府作出的政〔1996〕综 208 号批复,依法应予撤销。

参考文献

著作类

1. [德]卡尔·拉伦茨:《法学方法论》,陈爱娥译,台北,五南图书出版公司1996年版。

2. [德]施密特·阿斯曼:《行政法总论作为秩序理念:行政法体系建构的基础与任务》,林明锵等译,台北,元照出版有限公司2009年版。

3. [美]罗纳德·德沃金:《认真对待权利》,信春鹰、吴玉章译,中国大百科全书出版社1998年版。

4. [美]伯纳德·施瓦茨:《行政法》,徐炳译,群众出版社1986年版。

5. 瞿同祖:《中国法律与中国社会》,中华书局2003年版。

6. 王名扬:《美国行政法》,中国法制出版社1995年版。

7. 王名扬:《法国行政法》,中国政法大学出版社1988年版。

8. 王名扬:《英国行政法》,中国政法大学出版社1987年版。

9. 罗豪才、应松年主编:《行政诉讼法学》,中国政法大学出版社1990年版。

10. 应松年主编:《行政法与行政诉讼法学》,法律出版社2009年版。

11. 应松年主编:《当代中国行政法》(上卷),中国方正出版社2005年版。

12. 胡建淼:《行政法学》,法律出版社2010年版。

13. 胡建淼主编:《行政诉讼法学》,复旦大学出版社2003年版。

14. 章剑生:《现代行政法基本理论》,法律出版社2008年版。

15. 朱新力:《司法审查的基准:探索行政诉讼的裁判技术》,法律出版社

2005 年版。

16. 张焕光、胡建淼编著:《行政法学原理》,劳动人事出版社 1989 年版。

17. 翁岳生编:《行政法》,中国法制出版社 2009 年版。

18. 城仲模:《行政法之基础理论》,台北,三民书局 1998 年版。

19. 吴庚:《行政法之理论与实用》,台北,三民书局 2000 年版。

20. 吴庚:《行政争讼法论》,1999 年自版发行。

21. 吴信华:《宪法释论》,台北,三民书局 2015 年版。

22. 陈敏:《行政法总论》,2013 年自版发行。

23. 黄舒芃:《行政命令》,台北,三民书局股份有限公司 2011 年版。

24. 陈春生:《行政法之学理与体系(一)——行政行为形式论》,台北,三民书局 1996 年版。

25. 陈春生:《行政法之学理与体系(二)》,台北,元照出版有限公司 2007 年版。

26. 李震山:《行政法导论》,台北,三民书局股份有限公司 2009 年版。

27. 李震山:《警察行政法论:自由与秩序之折冲》,台北,元照出版有限公司 2009 年版。

28. 林合民、李震山等:《行政法入门》,台北,元照出版有限公司 2009 年版。

29. 刘宗德:《行政法基本原理》,台北,学林文化事业有限公司 1998 年版。

30. 董保城:《国家责任法》,台北,神州图书公司 1991 年版。

31. 翁岳生主编:《行政诉讼法逐条释义》,台北,五南图书出版公司 2003 年版。

32. 程明修:《行政法之行为与法律关系理论》,台北,新学林出版股份有限公司 2005 年版。

33. 蔡茂寅等:《行政程序法实用》,台北,学林文化事业有限公司 2001 年版。

34. 台湾行政法学会主编:《行政法争议问题研究》(上),台北,五南图书出版公司 2000 年版。

35. 台湾行政法学会主编:《行政法争议问题研究》(下),台北,五南图书出版公司 2000 年版。

36. 孙笑侠:《法律对行政的控制:现代行政法的法理解释》,山东人民出版社 1999 年版。

37. 何海波:《行政诉讼法》,法律出版社 2011 年版。

38. 何海波:《实质法治——寻求行政判决的合法性》,法律出版社 2009 年版。

39. 沈岿:《公法变迁与合法性》,法律出版社 2010 年版。

40. 蔡小雪等:《行政诉讼中的法律适用——最高人民法院行政诉讼批复答复解析》,人民法院出版社 2011 年版。

41. 刘德权主编:《最高人民法院司法观点集成④:行政、国家赔偿卷》,人民法院出版社 2010 年版。

42. 梁凤云主编:《最高人民法院行政诉讼批复答复释解与应用:法律应用卷》,中国法制出版社 2011 年版。

43. 蔡小雪主编:《行政审判与行政执法实务指引》,人民法院出版社 2009 年版。

44. 陈瑞华:《论法学研究方法》,北京大学出版社 2009 年版。

45. 江必新:《中国行政诉讼制度之发展:行政诉讼司法解释解读》,金城出版社 2001 年版。

46. 最高人民法院行政审判庭编:《最高人民法院最新行政裁判汇编》,人民法院出版社 2006 年版。

47. 孔祥俊:《行政行为可诉性、原告资格与司法审查:受案范围·原告资格标准·新类型行政案件》,人民法院出版社 2005 年版。

48. 甘文:《行政诉讼法司法解释之评论——理由、观点与问题》,中国法制出版社 2000 年版。

49. 最高人民法院行政审判庭编:《中国行政审判指导案例》(第 1 卷),中国法制出版社 2010 年版。

50. 最高人民法院行政审判庭编:《行政执法与行政审判》(总第 10 集),法律出版社 2004 年版。

51. 最高人民法院行政审判庭编:《〈关于执行《中华人民共和国行政诉讼法》若干问题的解释〉释义》,中国城市出版社 2000 年版。

52. 赖恒盈:《行政法律关系论之研究——行政法学方法论评析 》,台北,元照出版有限公司 2003 年版。

53. 阙铭富:《行政诉讼权保障之现代意义:以 2004 年日本行政事件诉讼法修正为中心》,台北,台湾法学出版股份有限公司 2012 年版。

54. 全国人大常委会法制工作委员会行政法室编著:《中华人民共和国行政诉讼法解读》,中国法制出版社 2014 年版。

55. 叶必丰:《行政行为原理》,商务印书馆 2019 年版。

56. 罗许生:《内部行政程序研究》,法律出版社 2019 年版。

57. 姜明安主编:《行政法与行政诉讼法》,北京大学出版社、高等教育出版社 2019 年版。

58. [德]平特纳:《德国普通行政法》,朱林译,中国政法大学出版社 1999 年版。

59. Clive Lewis, *Judicial Remedies in Public Law*, London, Sweet & Maxwell, 2000.

60. David O'Keeffe, *Judicial Review in European Union Law*, Kluwer Law International, 2000.

61. Robert J. Hopperton, *Standards of Judicial Review in the Supereme Court Land Use Opinions*, Austin & Winfield, Publishers, 1999.

论文类

1. 廖义男:《公务员怠于执行职务与国家赔偿责任》,载《月旦法学杂志》1990 年总第 1 期。

2. 李震山:《论职务协助行为及其救济之相关问题》,载《台湾本土法学杂志》2002 年总第 30 期。

3. 李震山:《行政组织法与行政作用法之区别及其实益》,载《月旦法学杂志》1991 年总第 85 期。

4. 蔡志方:《行政处分机关的认定》,载《万国法律》2000 年总第 99 期。

5. 蔡茂寅:《论行政不作为之救济问题——以行政争讼形式之检讨为中心》,自刊复印件。

6. 蔡震荣:《论警察权行使与特定营业之管理——管辖权与职务协助性质之探讨》(上),载《法学讲座》2003 年总第 18 期。

7. 李建良:《行政程序行为与行政救济》,载《月旦法学杂志》1999 年总第 49 期。

8. 李建良:《行政法上之意思表示》,载《台北大学法学论丛》2002 年第 6 期。

9. 李建良:《论多阶段行政处分与多阶段行政程序之区辨》,载《中研院法学期刊》2011 年第 9 期。

10. 程明修:《对公务人员职务调整处分的行政诉讼》,载《法学讲座》2003 年第 16 期。

11. 吴志光:《论不服行政机关程序行为之救济》,载《律师杂志》2001 年第 263 期。

12. 江必新:《论行政诉讼中的肯定裁判》,载《法学杂志》1988 年第 6 期。

13. 马怀德:《行政许可案件判决方式研究》,载《南京大学学报(哲学·人文科学·社会科学)》2000 年第 3 期。

14. 杨小军:《行政被告资格辨析》,载《法商研究》2003 年第 6 期。

15. 杨小君:《行政诉讼原告资格:影响与利害关系》,载《上海政法学院学报》2006 年第 4 期。

16. 杨建顺:《行政诉讼与司法能动性——刘燕文诉北京大学(学位评定委员会)案的启示》,载《法学前沿》2001 年第 4 期。

17. 梁治平:《法律史的视界:方法、旨趣与范式》,载《中国文化》2002 年第 1 期。

18. 张德瑞:《内部行为的可诉性与可诉性的内部行为》,载《南都学坛》2005 年第 6 期。

19. 陈爱娥:《以行政行为类型为中心的行政诉讼类型》,载《万国法律》2000 年第 8 期。

20. 余凌云:《行政诉讼上的显失公正与变更判决——对〈中华人民共和国行政诉讼法〉第 54 条第(4)项的批判性思考》,载《法商研究》2005 年第 5 期。

21. 黄学贤:《行政诉讼中的情况判决探讨》,载《行政法学研究》2005 年第 3 期。

22. 埃伯哈德·施密特阿斯曼:《从行政法发展的背景看行政诉讼的任务与功能变迁》,陈英衿译,载《政大法学评论》(总第 72 期)。

23. 余凌云:《法院如何发展行政法》,载《中国社会科学》2008 年第 1 期。

24. 石佑启:《在我国行政诉讼中确立"成熟原则"的思考》,载《行政法学研究》2004 年第 1 期。

25. 朱维究、胡卫列:《行政行为过程性论纲》,载《中国法学》1998 年第 4 期。

26. 朱维究、阎尔宝:《程序行政行为初论》,载《政法论坛》1997 年第 3 期。

27. 杨海坤、陈迎:《国内行政行为分类研究述评》,载《黑龙江社会科学》2000 年第 3 期。

28. 金成波:《内部行政行为纳入行政复议的妥当性考量》,载《法治研究》2013 年第 11 期。

29. 彭斌韬:《内部行政行为的可诉性分析》,载《人民法院报》2009 年 2 月 27 日,第 6 版。

30. 田瑶:《论行政行为的送达》,载《政法论坛》2011 年第 5 期。

31. 刘晓、樊孝群:《"内部行政行为"之法律含义探讨》,载《华中农业大学学报(社会科学版)》2004 年第 2 期。

32. 王天华:《有理由排斥保护规范理论吗?》,载《行政法学研究》2020 年第 2 期。

33. 王世杰:《保护规范理论的始源形态——布勒公权论的再认识》,载《行政法学研究》2021 年第 1 期。

34. 许登科:《行政程序中程序瑕疵之法律效果——从德国法制经验谈起》,台北,台湾大学法律学研究所 1998 年硕士学位论文。

35. 江利红:《日本行政过程论研究》,中国政法大学 2008 年博士学位论文。

36. [德]哈特穆特·鲍尔:《新旧保护规范论》,王世杰译,载《财经法学》2019 年第 1 期。

37. [美]W. N. 赫菲尔德:《司法推理中应用的基本法律概念》(上),陈端洪译,载《环球法律评论》2007 年第 3 期。

38. 高秦伟:《行政过程中的政策形成——一种方法论上的追问》,载《当代法学》2012 年第 5 期。

39. 赵宏:《保护规范理论的误解澄清与本土适用》,载《中国法学》2020 年第 4 期。

40. 刘飞、谭宗达:《内部行为的外部化及其判断标准》,载《行政法学研究》2017 年第 2 期。

41. 赵宏:《中国式保护规范理论的内核与扩展——以最高人民法院裁判为观察视角》,载《当代法学》2021 年第 5 期。

42. 江利红:《行政过程论在中国行政法学中的导入及其课题》,载《政治与法律》2014 年第 2 期。

43. 方涧:《论不动产征收中阶段性行政行为的可诉性——基于典型案例的研究》,载《西部法学评论》2018 年第 5 期。

44. 徐健:《论多阶段行政行为中前阶段行为的可诉性——基于典型案例的研究》,载《行政法学研究》2017 年第 3 期。

45. 黄涧秋:《征地补偿安置争议解决机制的体系化阐释——以多阶段行

政行为为中心》,载《法治研究》2019 年第 2 期。

46. 赵宏:《保护规范理论在举报投诉人原告资格中的适用》,载《北京航空航天大学学报(社会科学版)》2018 年第 5 期。

47. 章剑生:《行政诉讼原告资格中"利害关系"的判断结构》,载《中国法学》2019 年第 4 期。

48. 赵宏:《保护规范理论的历史嬗变与司法适用》,载《法学家》2019 年第 2 期。

49. 郑琳:《投诉举报人原告资格审查的新路径——从保护规范理论在案例中的应用展开》,载《大连海事大学学报(社会科学版)》2019 年第 4 期。

50. [德]哈特穆特·鲍尔:《新旧保护规范论》,王世杰译,载《财经法学》2019 年第 1 期。

51. 赵宏:《主观公权利的历史嬗变与当代价值》,载《中外法学》2019 年第 3 期。

52. 李年清:《主观公权利、保护规范理论与行政诉讼中原告资格的判定——基于(2017)最高法行申 169 号刘广明案的分析》,载《法律适用·司法案例》2019 年第 2 期。

53. 石磊:《指导案例 22 号〈魏永高、陈守志诉来安县人民政府收回土地使用权批复案〉的理解与参照——内部行政行为外部化具有可诉性》,载《中国法律评论》2014 年第 1 期。

54. 章志远:《新〈行政诉讼法〉司法解释对行政法学理论的发展》,载《福建行政学院学报》2018 年第 4 期。

55. 章剑生:《作为担保行政行为合法性的内部行政法》,载《法学家》2018 年第 6 期。

56. 王振宇:《从案例视角看行政审批实务的最新发展》,载《法律适用》2013 年第 8 期。

57. 王学辉:《行政批示的行为法意蕴》,载《行政法学研究》2018 年第 3 期。

58. 李永超:《从行政征用观点论数字版权的强制许可及其引入》,载《中国出版》2013 年第 2 期。

59. 李永超:《揭穿内部行政行为之面纱——基于司法实践中“外化”之表达的一种解释框架》,载《行政法学研究》2012 年第 4 期。

60. 晏齐孟:《行政批复行为可诉的原因——不是外化是对私权利产生现实的影响》,载《中共南京市委党校学报》2017 年第 4 期。

61. 王禹:《对权利义务不产生影响的规划审查意见不具有可诉性》,载《人民司法》2013 年第 6 期。

62. 王学辉:《行政法秩序下行政批示行为研究》,载《政治与法律》2018 年第 5 期。

63. 王学辉:《行政法意思表示理论的建构》,载《当代法学》2018 年第 5 期。

64. 邓炜辉:《行政批示可诉性:司法图景与标准判定——基于我国法院相关裁判文书的规范考察》,载《政治与法律》2019 年第 1 期。

65. 熊勇先、苗玉霖:《司法视域下内部行政行为的外化条件》,载《法律适用》2021 年第 8 期。

66. J. Gerring, *What Is a Case Study and What Is It Good for*? The American Political Science Review, 1998(2).

67. H. Eckstein, *Case Study and Theory in Political Science*, In F. I. Greenstein and N. W. Polsby eds., Strategies of Inquiry, Reading, MA: Addison – Wesley Pub. Co.

68. J. Gerring, *Is There a (Viable) Crucial – Case Method*?, Comparative Political Studies, 2007(40).